es 1723

edition suhrkamp

Neue Folge Band 723

Gender Studies
Vom Unterschied
der Geschlechter

Zur Kennzeichnung eines modernen Autors genügt ein einziges Wort. Wir sprechen von Goethe und Kafka, von Schiller und Benn. Wir sagen: *die* Günderrode, aber nicht *der* Novalis. Bereits diese Sprachregelung zeigt, daß Autorschaft keine neutrale Instanz ist. Ihr ist ein Geschlecht eingeschrieben – ein Autor ist männlich. Sollen schreibende Frauen bezeichnet werden, entsteht babylonische Sprachverwirrung. Der *eine* Name, der Eigenname, erscheint als unerreichbare Instanz. Wir sprechen von Bettina, Rahel und Caroline, als ob wir in familialer Intimität mit ihnen Umgang pflegten. Wir sprechen von Dorothea Schlegel und Caroline von Humboldt, als ob eine schreibende Frau nur im Schatten ihres Mannes überliefert werden könnte. Für eine schreibende Frau scheint alles möglich: Sie hat nur einen Vornamen oder viele, sie hat einen Nachnamen oder viele. Der Gegenpol zum modernen Autor mit dem einen Namen, der ein Werk zusammenhält und regiert, ist eine unbezeichenbare Vielheit von Texten, die unautorisiert und zwischen den Genres wandernd immer wieder aus dem Kanon des Überlieferbaren ausscheren: Was nicht benannt werden kann, läßt sich schwer tradieren.

Barbara Hahn arbeitet als Literaturwissenschaftlerin an der Universität Hamburg. Veröffentlichungen u. a. *Antworten Sie mir! Rahel Levin Varnhagens Briefwechsel* (1990), *Im Schlaf bin ich wacher. Die Träume der Rahel Levin Varnhagen* (1990), *Rahel Levin Varnhagen. Die Wiederentdeckung einer Schriftstellerin* (1987, zus. mit Ursula Isselstein).

Barbara Hahn
Unter falschem Namen

Von der schwierigen Autorschaft der Frauen

Suhrkamp

edition suhrkamp 1723
Neue Folge Band 723
Erste Auflage 1991

Erstausgabe

Satz: Hümmer, Waldbüttelbrunn
Druck: Nomos Verlagsgesellschaft, Baden-Baden
Umschlagentwurf: Willy Fleckhaus
Printed in Germany

1 2 3 4 5 6 – 96 95 94 93 92 91

Inhalt

Unter falschem Namen

Zur Kennzeichnung eines modernen Autors genügt ein einziges Wort. Wir sprechen von Goethe und Kafka, von Schiller und Benn. Wir sagen: *die* Günderrode, aber nicht *der* Novalis. Bereits diese Sprachregelung zeigt, daß Autorschaft keine neutrale Instanz ist. Ihr ist ein Geschlecht eingeschrieben – ein Autor ist männlich. Sollen schreibende Frauen bezeichnet werden, entsteht babylonische Sprachverwirrung. Der *eine* Name, der Eigenname, erscheint als unerreichbare Instanz. Wir sprechen von Bettina, Rahel und Caroline, als ob wir in familialer Intimität mit ihnen Umgang pflegten. Wir sprechen von Dorothea Schlegel und Caroline von Humboldt, als ob eine schreibende Frau nur im Schatten eines anderen Namens überliefert werden könnte, dem des schriftstellernden Gatten. Hatte eine Frau mehrere Ehemänner mit Autornamen, retten wir uns in Doppelnamen, wie sie erst im 20. Jahrhundert, allerdings als Mischung aus dem Namen des Vaters und dem des Mannes, hoffähig wurden: Wir sprechen von Caroline Schlegel-Schelling und Therese Forster-Huber. Eine andere Gruppe schreibender Frauen läßt sich nur unter Aufzählung eines ganzen Sets von Namen kennzeichnen: Esther Gad Bernard alias Lucie Domeier, Sara Meyer Wulff alias Sophie von Grotthus, Rebekka Salomon Saaling Friedländer alias Regine Frohberg, Rahel Levin Robert alias Antonie Friederike Varnhagen von Ense.

Nur ein Vorname oder viele Vornamen, ein Nachname oder viele Nachnamen – alles scheint möglich. Der Gegenpol zum modernen Autor mit dem einen Namen, der ein Werk zusammenhält und regiert[1], ist eine unbezeichenbare Vielheit von Texten, die unautorisiert und zwischen den Genres wandernd immer wieder aus dem Kanon des Überlieferbaren ausscheren: Was nicht benannt werden kann, läßt sich schwer tradieren.

1 Vgl. dazu Heinrich Bosse, *Autorschaft ist Werkherrschaft. Über die Entstehung des Urheberrechts aus dem Geist der Goethezeit*, Paderborn 1981.

Der Eine Name

»Der von Göttern du stammst, von Goten oder vom Kote, Goethe«[2] – mit dieser verblüffenden Genealogie beendete Herder ein Billett an den Dichter, der einer ganzen Epoche seinen Namen gab. Dieser antwortete prompt, und zwar in seiner Autobiographie *Aus meinem Leben – Dichtung und Wahrheit*: »Es war freilich nicht fein, daß er sich mit meinem Namen diesen Spaß erlaubte: denn der Eigenname eines Menschen ist nicht etwa ein Mantel, der bloß um ihn her hängt und an dem man allenfalls noch zupfen und zerren kann, sondern ein vollkommen passendes Kleid, ja wie die Haut selbst ihm über und über angewachsen, an der man nicht schaben und schinden darf, ohne ihn selbst zu verletzen.«[3] Besser gesagt, Goethe antwortete nicht. Während Herder von der Genealogie des Autornamens spricht und diesen von Gott und vom Kote, von der Instanz der Sinngebung auf der einen, vom Abfall und Auswurf auf der anderen Seite herleitet, fallen in Goethes Verteidigung Eigenname und Autorname zusammen. Somit verschwindet, daß ein Autorname durchaus nichts Natürliches, sondern Effekt des Schreibens in einem spezifischen System der Textproduktion ist. Herder spricht von diesem Schreibeffekt, der noch genauer zu kennzeichnen ist, Goethe übersetzt diese Besonderheit in eine anthropologische Größe. Ein Mensch, so läßt sich seine Verteidigung lesen, hat offenbar nur einen Namen, einen Nachnamen, der sein Geschlecht nicht verrät. Doch in einer gegenläufigen Bewegung enthüllt sich das versteckte Geschlecht des Schreibers, dem Goethes Text buchstäblich zu Leibe rückt, vom Mantel über ein Kleid bis zur Haut. Und nun zeigt sich eine dreifache Identität: Der Autor – ist ein Mensch – ist ein Mann. In Herders Genealogie sind Abwege und Hintergrund dieser Autorschaft präzise zusammengefaßt: indem ein Autor wie ein Gott gelesen wird, können seine Produkte kein Abfall sein, so sinnlos, wie Geschriebenes erst lange nach der »Goethezeit« ist.

Diese Konstitution des modernen Autors kulminiert in *einem* Namen – nicht nur auf der Seite des Schreibers. Wenn ein Autor

2 Johann Wolfgang Goethe, *Aus meinem Leben. Dichtung und Wahrheit*, Hamburger Ausgabe Bd. IV, S. 407. Davor hatte Goethe geschrieben, daß Herder »nicht ein Billett schreiben konnte, um etwas zu verlangen, das nicht mit irgend einer Verhöhnung gewürzt gewesen wäre«. Vgl. ebenda.

3 Ebenda.

seine Bücher mit »Goethe« unterzeichnen kann – ohne Vornamen –, dann macht auch die Benennung des von dieser monumentalen Einheit produzierten Werks keine Schwierigkeit: Die Bücher heißen *Die Leiden des jungen Werther* von *Goethe* oder *Wilhelm Meisters Wanderjahre* von *Goethe*. Der Name des Autors und der des Textes spiegeln sich, und in dieser Spiegelung etabliert sich eine schier undurchdringliche Homogenität: Einer schreibt ein einheitliches Werk, und das »Werk« ist Indiz dieser Einheit.

Wie kompakt diese Einheit von Autor und Werk war, zeigt sich nicht zuletzt daran, daß auch ihr »Außen« noch auf ein »Innen« verwies: Selbst im Lesen konnte sie nicht gesprengt werden. Denn zusammen mit dem modernen Autor entstand als sein Anderes eine ihn liebende und ihm antwortende Leserin. Das Genre für diese Stabilisierung von Autorschaft und Werk ist der Brief, der als »weibliches« Genre bestimmt wurde. »Frauen« sind somit die, die besonders gut lesen und die Resultate ihrer Lektüre als Briefe an Autoren zurückadressieren.[4] Vielmehr »Die Frau«, denn diese Bindung des Schreibens erlaubte keine Vielfalt von Schreibpositionen, und sie erlaubte ebensowenig, daß Frauen sich in allen Genres bewegten. Spricht man von einem Genre, das Frauen besonders nahesteht, dann heißt das auch, daß andere Genres ihnen fernestehen und nicht zugänglich sind.

Der Brief – damit ist eine Konstellation angesprochen, die Lesen und Schreiben auf die beiden Geschlechter verteilt, oder anders gesagt: Mit der Definition eines Genres als einem Geschlecht besonders verbunden, wird jeder Text nur noch in Blick auf das Geschlecht seines Schreibers lesbar. Diese Sortierung, wie sie im Eigennamen, im »Einen-Namen« des Autors kulminiert, produziert auf der anderen Seite Uneindeutigkeit. Nicht nur bei der Bezeichnung von Schreiberinnen, wie sie in der oben zitierten Kette der vielen und uneindeutigen Frauennamen deutlich wurde. Diesen babylonischen Namen entsprechen Buchtitel, die ebenfalls von Uneindeutigkeiten durchzogen sind: Sie heißen *Goethes Briefwechsel mit einem Kinde* oder *Kritische Auseinandersetzung*

4 Vgl. Friedrich A. Kittler, *Aufschreibesysteme 1800/1900*, München 1985, vor allem S. 131-152, sowie meinen Aufsatz *»Weiber nehmen alles à la lettre«. Briefkultur im beginnenden 19. Jahrhundert*, in: *Deutsche Literatur von Frauen*, hrsg. von Gisela Brinker-Gabler, Bd. 2, München 1988, S. 13-26. Zu einer Überschreitung dieser Koppelung von Frau, Brief und Leserin um 1800 vgl. meine Studie *»Antworten Sie mir!« Rahel Levin Varnhagens Briefwechsel*, Basel/Frankfurt am Main 1990.

mehrerer Stellen in dem Buche der Frau von Staël über Deutschland. Mit einer Zueignungsschrift an den Herrn Jean Paul Richter. Aus dem Englischen übersetzt von der Verfasserin des Originals. Sie heißen *Florentin. Ein Roman herausgegeben von Friedrich Schlegel* oder *Rahel. Ein Buch des Andenkens für ihre Freunde.*

Diesen unautorisierten Büchern ist eine Korrespondenz zwischen dem ungenannten Namen der Schreiberin und einem oder vielen anderen Namen eingeschrieben, an deren Ort sich der Name des Buchs erst herstellen wird. Diese Bücher müssen gelesen werden, damit sie sind; sie müssen beantwortet werden, damit ihr ungenannter Verfasser entsteht. Sie sind – ein Brief oder wie ein Brief, denn ihre Unterschrift findet auf seiten des Empfängers statt. Ihre Signatur steht nicht auf dem Titelblatt eines Buches und auch nicht unter einem Brief, sondern sie bezeichnet beides: die Produktion des Textes ebenso wie die Lektüre, das Zeichnen wie das Bezeichnen. Ihre Signatur ist ein offener, unabschließbarer Prozeß.

Eine Frau – zwei Namen

Am Ende des 19. Jahrhunderts scheint sich diese Konstellation zu ändern. Schreibende Frauen sind nun ebenso wie ihre Bücher bezeichenbar; sie können Rosa Luxemburg heißen oder Ricarda Huch, dann schreiben sie *Die Akkumulation des Kapitals. Ein Beitrag zur ökonomischen Erklärung des Imperialismus* oder den *Dreißigjährigen Krieg*; und ebenso unterzeichnen sie Bücher mit dem Titel *Max Weber. Ein Lebensbild* mit Marianne Weber oder *Das Wunschkind* mit Ina Seidel. Sie sind aber nach wie vor »Frauen«, denn sie haben grundsätzlich zwei Namen, einen Vor- und einen Nachnamen, wobei Vater und Ehe-Mann als namengebende Instanzen gleichgewichtig nebeneinander stehen. Auch wenn sie pseudonym veröffentlichen, gilt diese Namensregelung. Keine nennt sich Tian, wie es Caroline von Günderrode tat, vielmehr wandern die Pseudonyme zwischen männlichen und weiblichen Vornamen – Georg Munk für Paula Buber und Marie Luise Enckendorff für Gertrud Simmel – bis hin zu Kürzeln, die das Geschlecht des Autors verbergen. Gertrud Kantorowicz veröffentlichte ihre Gedichte unter dem Namen Gert. Pauly, Helene von Druskowitz verschwand hinter Dr. H. Druskowitz.

Die Vielfalt von Genres und Schreibweisen, die die so unterzeichneten Texte kennzeichnet, verdankt sich keiner literarischen Zäsur, die eine neue Epoche einleitet, sondern einem außerliterarischen Datum. Seit Frauen Zugang zum Hochschulstudium haben, sind sie nicht mehr die, die besondere literarische und – seit ca. 1840 – auch politische Texte verfassen. Denn mit diesem Datum fallen die institutionellen Barrieren, die bestimmte Textproduktionen einem Geschlecht zuordnen oder verbieten. Frauen tauchen nun als Autorinnen und Leserinnen aller Textarten auf, und damit verschwindet auch die Zuordnung eines Geschlechts zu einem Genre. Aber dennoch bleibt das Geschlecht des Autors *das* entscheidende Kriterium für die Lektüre von Texten, dennoch gibt es nach wie vor »Frauen«, die ihre Texte besonders zeichnen müssen. Der eine Name, der Eigenname, bleibt mit einem genannten oder ungenannten männlichen Vornamen verbunden – auch noch in folgender Szene:

Ein Goethe und viele Nietzsches

»In meiner Stube ist es todtenstill – meine Feder kratzt nur auf dem Papier ... Vor mir ein Tintenfaß, um mein schwarzes Herz darin zu ersäufen, eine Scheere um mich an das Halsabschneiden zu gewöhnen, Manuscripte, um mich zu wischen und ein Nachttopf.«[5] Wer schreibt hier? Sicher niemand, der mit »Goethe« unterzeichnen könnte. Dieses Manuskript trägt die Unterschrift: »F W v Nietzky«. Kein Herder könnte diesen Namen mit Gott in Verbindung bringen. Hier schreibt sich die Kehrseite des auktorialen Namens, der Kot: Ein Nietzky ist so nichtig wie sein Produkt. In dieser Schreibszene, die die Einheit von Autor und Werk durchstreicht, vervielfältigt der Autor seinen Nach-Namen selbst. In welchem Namen? Der Autorname, mit dem er seine Werke signiert, ist »Friedrich Nietzsche«, wie auf den Titelblättern seiner Druckmanuskripte und Erstausgaben zu lesen ist. »F W v Nietzky« autorisiert nichts: »F W« ist kein Vorname, keiner, der wie im Namen eines weiblichen Autors auf das Geschlecht des Schreibers hinweisen könnte. »F W« entstammt einer anderen Ge-

5 Aus Friedrich Nietzsches Fragment *Euphorion*, zitiert nach Friedrich Kittler, *Aufschreibesysteme 1800/1900*, S. 187, der diese Szene in Kontrast zu Goethes berühmter Eröffnungsszene des *Faust I* interpretiert.

nealogie: Es ist ein Kürzel für »Friedrich Wilhelm«, den Namen der preußischen Könige, während ein »v Nietzky« »von« einem anderen Ort kommt: Er stammt nicht von Goten ab, sondern kommt aus Polen; sein Ursprung verweist auf eine Geschichte von Usurpationen, wie sie im Namen der Friedrich Wilhelms stattfand und wie sie »Friedrich Nietzsche« in *Ecce Homo. Wie man wird, was man ist* beschrieben hat: »Ich bin ein polnischer Edelmann pur sang, dem auch nicht ein Tropfen schlechtes Blut beigemischt ist, am wenigstens deutsches.«[6] Beigemischt sind statt dessen Sprachpartikel aus dem Französischen – der Ursprung ist also vielfältig, vieldeutig, vielsprachlich.

Die Schreibübung des »F W v Nietzky«, ein »schierer und trostloser Akt ohne alle Weiterung namens Buch, Werk, Gattung«[7], gibt eine andere Geschichte zu lesen als Herders Billett, welches das Geheimnis des modernen Autors ausplauderte. Ohne Buch, Werk und Gattung verschwindet auch ein Leser, der im Brief oder Billett von seiner Lektüre berichten könnte. Diese Schreibszene, in der der Schreiber selbst seinen Namen demontiert, will anders gelesen sein – »F W v Nietzky« empfängt keine Billetts.

Doppelt falsche Namen

Neben dieser Genealogie von Autornamen, die von einem Goethe zu vielen Nietzsches reicht, von der Entstehung des modernen Autors bis zu seiner Demontage, verläuft eine andere Spur. Abgebrochene Linien, ohne Kontinuität und Tradierung, mit immer neuen Anfängen. Von Bettine bis Ricarda Huch, von Rahel bis Rosa Luxemburg. In die zweite Namensreihe mischt sich eine Unterscheidung, die Dietz Bering den *Namen als Stigma*[8] genannt hat. Schreibende Frauen sind nicht die einzigen, die keinen und damit immer einen falschen Namen haben. Jemand, der Mausche mi-Dessau heißt, kann zwar Briefe an seine Braut unterzeichnen, doch für einen Autor in deutscher Sprache taugt dieser Name

6 Friedrich Nietzsche, *Ecco Homo*, in: Friedrich Nietzsche, *Werke. Kritische Gesamtausgabe*, hrsg. von Giorgio Colli und Mazzino Montinari, Berlin 1967ff., IV. Abt., Bd. 3, S. 266.

7 Friedrich Kittler, *Aufschreibesysteme 1800/1900*, S. 188.

8 Dietz Bering, *Der Name als Stigma. Antisemitismus im deutschen Alltag 1812-1933*, Stuttgart 1987.

nicht. Erst Moses Mendelssohn wird zum anerkannten Schriftsteller, der ein Werk autorisiert. Doch auch dieser an die christliche Tradition der Namensgebung angeglichene Autorname ist nicht der eine Name, wie ihn Goethes Name präsentiert. Er ist höchstens angenommen, aber nicht angewachsen wie eine Haut.

Das zeigt Rahel Levin Varnhagen, indem sie Goethes Kennzeichnung des Namens umschreibt: »Von mir, Lieber, können Sie sagen was Sie wollen, nur meinen armen Namen nicht! Er ist mir so bequem wie ein dunkeles Kleid, von dem man sich einbildet, es hielte auch warm; würde er hell, es fröre mich, ich könnte mich nicht mehr einwicklen, und stünde mit meinem Wuchs ganz embarrassirt.«[9] So schreibt sie im Mai 1816 dem Herausgeber einer Zeitschrift, der eben umfangreiche Auszüge aus ihrer Korrespondenz anonym veröffentlichte. Damit ein Name passen kann wie eine Haut, muß er sagbar sei. Er muß verstanden werden und somit auch Assoziationen eröffnen. Doch der »arme Name«, von dem im Brief die Rede ist, wird nicht genannt. Der Brief ist mit »R.« unterzeichnet, einem von Rahel Levin Varnhagen oft gebrauchten Kürzeln. »R.« kann man nicht verspotten – ein Buchstabe eröffnet noch keine Assoziationsketten. »R.« kann man knurren, aber nicht in eine Genealogie überführen. Doch gerade weil »R.« nichts *be*deutet, sondern etwas *an*deutet, das in der Ordnung von Autornamen und Werken nicht zu sagen ist, kann ein von »R.« gezeichneter Text Goethes Kennzeichnung des Namens umschreiben und in dieser Veränderung auf etwas hinweisen: Ein »jüdischer« Name paßt nie wie eine Haut.

Von diesem falschen Namen schreibt auch Sigmund Freud in der *Traumdeutung*, wenn er an Herders Spottgedicht auf Goethes Namen erinnert, um davon zu sprechen, wie gefährdet der seine ist: »Daß solche Namenspielerei Kinderunart ist, darf man ohne Widerspruch behaupten; wenn ich mich in ihr ergehe, ist es aber ein Akt der Vergeltung, denn mein eigener Name ist unzählige Male solchen schwachsinnigen Witzeleien zum Opfer gefallen. Goethe bemerkt einmal, wie empfindlich man für seinen Namen

9 *Rahel-Bibliothek. Rahel Varnhagen. Gesammelte Werke*, hrsg. von Konrad Feilchenfeldt, Rahel E. Steiner und Uwe Schweikert, München 1983, Bd. II, S. 406. Vgl. dazu Ursula Isselsteins schöne Interpretation in ihrem Aufsatz *»Dies ist die Beute!« Zu Rahel Levins Tagebüchern*, in: *Rahel Levin Varnhagen. Die Wiederentdeckung einer Schriftstellerin*, hrsg. von Barbara Hahn und Ursula Isselstein, Göttingen 1987, S. 91f.

ist, mit dem man sich verwachsen fühlt wie mit seiner *Haut*, als Herder auf seinen Namen dichtete: ›Der du von *Göttern* abstammst, von Gothen oder vom Kote‹ [...] Ich merke, daß die Abschweifung über den Mißbrauch von Namen nur diese Klage vorbereiten sollte. Aber brechen wir hier ab. –«[10]

Indem Freud hier zwar Herders Attacke zitiert, Goethes Verteidigung aber nur paraphrasiert, verschieben sich die Akzente. Freuds »Vergeltung« richtet sich offenbar gegen einen anderen Angriff auf den Namen, als der, den Goethe abwehrte. Herder sprach von einer Konstellation des Schreibens, die einen Autornamen »Goethe« hervorbringt, angesiedelt zwischen Göttlichem und Auswurf. Freud teilt in der zitierten Passage nicht mit, welcher »Kinderunart« sein Name ausgesetzt war, er teilt lediglich mit, daß seine Reaktion auf diese »schwachsinnigen Witzeleien« sehr heftig war. Auch der Kontext der zitierten Passage verrät nicht mehr: Von vergessenen Autornamen und Buchtiteln ist die Rede und von einem Herrn, der Popovic heißt, im Deutschen also einen anstößigen Namen, in slawischen Sprachen dagegen einen ehrenvollen Namen hat: Popovic bedeutet Sohn eines Priesters.[11] Bevor Freud Herders Spott auf Goethes Namen zitiert, bringt er selbst einen Namen ins Spiel, in dem Göttliches und Auswurf zusammenprallen. Seinen eigenen Namen nennt er dagegen nicht. Geht es nicht um den Autor Freud, wenn der Name verunstaltet wird? Welche Klage wird hier vorbereitet, um sogleich wieder abgebrochen zu werden?

In Freuds Traumanalyse ist nicht nur vom Sohn eines Priesters die Rede. Ein anderer Sohn wird eingeführt, der Knabe Sigmund Freud selbst, der sich an Szenen seiner Kindheit erinnert. Doch nicht an Szenen mit dem Vater, der ihm den Namen Freud übertrug, sondern mit der Mutter, die den Sechsjährigen unterrichtete. Eine seiner Traumfiguren identifiziert Freud mit *der* Mutter, »die das Leben gibt, mitunter auch, wie bei mir, dem Lebenden die erste Nahrung«, um sie dann in »meine Mutter« zu verwandeln und damit in eine Instanz, die ihm über das Leben hinaus noch etwas anderes weitergibt. Die Traumfigur ist Mutter und Parze zugleich, sie tradiert das Leben und gleichzeitig spinnt sie »das

10 Sigmund Freud, *Die Traumdeutung*, in: Sigmund Freud, *Studienausgabe*, hrsg. von Alexander Mitscherlich, Angela Richards und James Strachey, Bd. II, Frankfurt am Main 1972, S. 217.

11 Für diesen Hinweis danke ich Laura Engelstein.

Geschick des Menschen«[12], den sie gebiert. Als Mutter und Parze spinnt sie ihrem Sohn ein besonderes Geschick und verkörpert damit gleichsam die Tradition, die im Namen »Freud« so oft verspottet wurde: In den Autornamen Freud ist ein Faden eingewoben, der auf das Judentum verweist, auf den Namen als Stigma. Während er seinen Vornamen Sigismund in Sigmund ändert, behält er den Namen Freud, der – wie Sarah Kofman schreibt – »in besonderer Weise den jüdischen Witz wachruft: ›Der Jude ist für die Freude, und die Freude ist für den Juden.‹«[12a] Freuds Klage über diese Stigmatisierung des Namens ist Teil einer langen Geschichte; sie wird abgebrochen, weil niemand sie hört.

Nietzsche – Freud

Wie kann man diese Klage hören? Wie könnte man von diesen falschen Namen schreiben, ohne sie im Schreiben weiter zu stigmatisieren? Vielleicht in einer *Otobiographie* – so der Titel von Derridas Essay über Nietzsches Namen, der eine *Politik des Eigennamens*[13] vorschlägt. In einem Text also, der gleichzeitig vom Hören und vom Schreiben hervorgebracht wird, der das Leben, von dem er schreibt, gleichsam in die Mitte nimmt, wenn am Anfang des Wortes nicht ein Selbst steht, das schreibt, sondern ein Aufnehmen. Hören kann man nur, wenn jemand anwesend ist, der spricht, Lesen dagegen erfordert eine Abwesenheit. Den Unterschied aber zwischen einer Autobiographie[14] und einer Otobiographie kann man nicht hören, sondern nur lesen – im Französischen sind die Worte gleichlautend, werden aber nicht gleich geschrieben. Beides steht damit gleichgewichtig nebeneinander, das Hören und das Schreiben, und so entsteht ein Text, der immer

12 Sigmund Freud, *Die Traumdeutung*, S. 215.

12a Sarah Kofman, *Die lachenden Dritten. Freud und der Witz*, München-Wien 1990, S. 22. Das Freud-Zitat stammt aus einem Brief an Martha Bernay vom 23. 7. 1882, in: Sigmund Freud, *Brautbriefe. Briefe an Martha Bernays aus den Jahren 1882–1886*, Frankfurt/Main 1968, S. 21.

13 Jacques Derrida, *Nietzsches Otobiographie oder die Politik des Eigennamens*, in: *Fugen. Deutsch-Französisches Jahrbuch für Text-Analytik* 1 (1980), S. 64-98.

14 Mit »Autobiographie« ist hier und im folgenden nicht allein das mit diesem Wort gekennzeichnete literarische Genre gemeint, sondern eine besondere Schreibweise, wie sie Eva Meyer in ihrem Buch *Die Autobiographie der Schrift*, Basel/Frankfurt am Main 1989, entfaltet.

schon auf zwei Orte verteilt ist, einen des Sendens und einen des Empfangens. Ein Text, der doppelt adressiert ist, indem er etwas aufnimmt, was ein anderer sagt, dem man sich zuwenden muß, wenn man ihn hören will, ein Text, der sich gleichzeitig auch an jemanden richtet, an dessen Ort er selbst wieder gehört und gelesen sein will. Eine Art Brief also, der in seinen Signaturen entziffert werden kann. Im hörenden Lesen sind diese nicht Zeichen einer Abwesenheit, die sich im Perfekt schreiben könnte, vielmehr sind sie Zeichen einer Anwesenheit, deren Zeit nicht das Präsens ist, sondern eine paradoxe Zeit, die gewesen sein wird. Signaturen geben etwas zu lesen auf – immer wieder und immer neu. Dadurch erst öffnen sie eine Vergangenheit als Aufgabe, als Zeit, die nicht verstanden worden ist. Als Zeit vielmehr, die wir langsam zu denken beginnen: »Der Name Nietzsche ist vielleicht heute für uns im Abendland der Name des einzigen (vielleicht in anderer Weise mit Kierkegaard und vielleicht auch mit Freud), der von Philosophie und Leben, von Wissenschaft und Philosophie des Lebens *mit seinem Namen, in seinem Namen* gehandelt hat. Der einzige vielleicht, der seinen Namen – *seine Namen*[15] – ins Spiel brachte und seine Biographien. Mit beinahe allen Risiken, die das einschließt: für ›ihn‹, für ›sie‹, für sein Leben, seine Namen und ihre Zukunft, die politische Zukunft vor allem dessen, was er unterzeichnen lassen hat.«[16]

Eine riskante Lektüre, die sich nicht in Resultate wird fassen lassen, schon gar nicht, wenn heute nicht nur der Zusammenhang zwischen Nietzsches Namen und dem Nazismus zu denken aufgegeben ist: »Ich glaube nicht, daß wir den Nazismus schon zu denken wüßten. Diese Aufgabe bleibt vor uns«, ebenso wie die, den »Korpus Heideggers oder Marx' oder Freuds« zu lesen.[17] Einen Korpus von Texten zu lesen, das bedeutet, eine Vielzahl von Fragen und Perspektiven zu entwickeln und schließt aus, die heterogene Summe dieser Korpora in einen Singular zu verwandeln, in *einen* Text in Fortsetzungen, so wie das Martin Heidegger mit Friedrich Nietzsche getan hat, wenn er seinen Buchtitel »Nietzsche« – ohne Untertitel oder sonstige Erweiterung – im Vorwort

15 Sogar als Buchtitel. Einer lautet: *Nietzsche contra Wagner. Aktenstücke eines Psychologen.* Der Psychologe heißt – laut Titelblatt – »Friedrich Nietzsche«. Vgl. Friedrich Nietzsche, *Werke*, VI. Abt., Bd. 3, S. 411.
16 Jacques Derrida, *Nietzsches Otobiographie*, S. 72.
17 Ebenda, S. 91.

wie folgt erläutert: »›Nietzsche‹, der Name des Denkers steht als Titel für *die Sache* seines Denkens.«[18]

Eine Aufgabe bleibt vor uns, von der sich noch nicht einmal abzeichnet, wie sie benannt werden könnte. Wie lernt man zu denken, was sich nicht auf einen Namen bringen läßt? Weil es – wie vorläufig auch immer – nicht »Marx« heißt oder »Freud«, sondern »Ricarda Huch« oder auch »Rosa Luxemburg« und damit nie *einem* Korpus oder *einem* Körper entspricht. Weil sich in diesen Namen andere Einschnitte verbergen als die zwischen dem Namen Goethes und den Namen Nietzsches, zwischen »Marx« und dem, was man nach dem Zusammenbruch des »Sozialismus« zu denken beginnen muß. Dabei bleibt auch das noch zu lesen, was »R.« von Freud trennt: Wie liest man Namen, die sich mit keinem Textkorpus in Zusammenhang bringen lassen, sondern nur mit einer Vielzahl von Texten, die von den Namenlosen und denen mit falschem Namen verfaßt wurden?

Es geht um einen Aufschub, der das Nachdenken über den Status von Autorschaft ermöglicht. Die Signatur eines Textes, so ließe sich im Anschluß an Derrida sagen, gibt etwas zu lesen auf: Etwas, das nicht gegeben ist und deshalb auch nicht einfach benannt werden kann. Sie gibt Unlesbares zu lesen auf und ebenso Unbekanntes und Ungedrucktes.

Was zu lesen bleibt

Texte von »Frauen« werden wenig gelesen, das lehrt jeder Blick in eine beliebige Bibliographie. Mit doppeltem Namen gekennzeichnete Texte initiieren keine Strömungen oder Schulen – jede Autorin fängt wie von vorne an. Der Niederschlag ihrer Produkte in den institutionell geregelten Lektürinstanzen ist nach wie vor gering; sie zirkulieren außerhalb der Institutionen, die für das Lesen und Weiterschreiben zuständig sind, wie Schule, Universität oder Presse. Die institutionalisierte Frauenforschung scheint damit aufzuräumen: Mit doppeltem Namen gezeichnete Texte treffen auf Leserinnen, die ebenfalls zwei oder gar drei Namen haben und diese Texte empfangen, weiterlesen und weiterschreiben. Doch

18 Martin Heidegger, *Nietzsche*, 2 Bde., Pfullingen 1964. Zitiert nach Ernst Behler, *Derrida-Nietzsche, Nietzsche-Derrida*, München/Paderborn/Wien/Zürich 1988, S. 131.

indem so gekennzeichnete Texte in einem besonderen Raum von besonderen Texten entziffert werden, kommt es zu einer Identifizierung von Schreiberin und Geschriebenem, die eher dem »Aufschreibesystem« von 1800 als dem des 20. Jahrhunderts entspricht. Zwei Namen, um einen Text zu autorisieren, das ist so gut wie keiner oder anders gesagt: Es ist nach wie vor ein Schreiben unter falschem Namen.

Inzwischen gibt es Strategien, in denen diese Ambivalenz getilgt wird. So übertragen beispielsweise amerikanische Feministinnen seit einiger Zeit die Namensregelung für den modernen Autor auch auf schreibende Frauen. »Bettina« wird zu »Arnim«, »Rahel« zu »Varnhagen«. Gewonnen ist damit nur, daß der diskriminierende Vorname zu einem ebenso diskriminierenden Nachnamen wird. Indem der schreibenden Frau der Name des Ehemanns bereits in die Wiege gelegt wird, erhält ihr Leben eine absurde Finalität. Sie wird also erst recht ihres »eigenen Namens« beraubt. Und die von ihr geschriebenen Texte sind immer schon verstehbar – als Texte nämlich, die denselben Regeln folgen wie die von Autoren. Demgegenüber soll es im folgenden nicht um eine Kritik am falschen Namen und um die Suche nach dem richtigen gehen. Der »falsche Name« soll vielmehr zum Ausgangspunkt eines Bündels von Fragen nach den Statuten von Autorschaft werden. Dabei läßt sich eine gewisse Sperrigkeit bei der Bezeichnung schreibender Frauen nicht vermeiden; auch Kunstnamen wie zum Beispiel »Rahel Levin Varnhagen« werden benutzt. Auch dies ist ein »falscher« Name, den die so Bezeichnete selbst nie benutzte, aber er ist so falsch, daß er zum Nachdenken zwingt. Ein Name, der zu lesen aufgibt, was er bedeuten könnte.

Dieses Buch möchte für einen Aufschub plädieren und das andeuten, was immer noch erst zu lesen ist. Um 1800, als anonymes und namenloses Schreiben den Text der Epoche skandiert, um 1900, als pseudonymes Schreiben und Grenzgänge zwischen den Genres die Szene bestimmen. Es geht dem nach, was im Schlepptau großer Autornamen unbenannt durch die Geschichte irrlichtet. Auch ganz buchstäblich. Denn um den Namenlosen und denen mit falschem Namen zu folgen, muß man sich auf die Suche begeben. Nach abgelegenen Büchern, die kaum je gelesen wurden. Nach Briefen und Aufzeichnungen, oft ungedruckt und an vielen Orten verstreut. Sie liegen in Krakau und New York, in Weimar und Marbach. Wenn Zeit wäre, könnte man weiter reisen, nach

Amsterdam, Jerusalem und Cambridge/Mass. Eine Reise von Rahel Levin Varnhagen bis zu Paula Buber, die am Werk ihres Mannes mitschrieb, ohne dort genannt zu werden, während sie ihre eigenen Bücher unter einem männlichen Pseudonym veröffentlichte. Von Dorothea Schlegel, die sich – verborgen hinter Namen und Werk ihres Mannes – von ihrem Namen Brendel Mendelssohn so weit entfernte, daß er fast in Vergessenheit geriet, bis hin zu Hedwig Mauthner und Hedwig Landauer, die nicht im Namen ihrer Männer schrieben. Von vergessenen Schriftstellerinnen wie Regine Frohberg und Lucie Domeier bis hin zu bekannten, aber wenig gelesenen Schriftstellerinnen wie Ricarda Huch und Ina Seidel. Ein Bogen mit Lücken, aber vielleicht ein Bogen, der Spannung erzeugt. Denn in die Stimmen derer, die den einen, den richtigen Namen verfehlen, der ein Werk autorisieren könnte, mischen sich andere, die gegen die Autorität des genuinen Schöpfers einen Traum entwickeln – den Traum, der männlichen Autorschaft nicht mit einer weiblichen zu antworten, sondern mit einem Schreiben, das die Statuten der Autorschaft unterläuft: »Es werden die einzelnen Namen als *höchste* Wertmesser verblassen und namenlose, gemeinschaftliche, wirkliche, lebendige Werte [...] werden höher stehen«, schreibt Lu Märten. Namenlos – Produkte der *»namenlosen Genialität* der Frau«[19] – und insofern nicht mehr unter falschem Namen.

19 Lu Märten, *Die Künstlerin*, München 1914/1919, S. 35 ff. Vgl. dazu Marianne Schuller, *Das andere Gedächtnis*, in: dies., *Im Unterschied. Lesen/Korrespondieren/Adressieren*, Frankfurt am Main 1990, S. 153 f.

Esther Rahel Rebekka Sara
Namenloses Schreiben um 1800

Schlag nach im Duden:

»Esther: aus der Bibel übernommener weibl. Vorn. persischen Ursprungs, eigentlich ›Stern‹. Nach der Bibel war Esther, mit hebräischem Namen Hadassa ›Myrte‹, die Pflegetochter Mardochais in Susa. Sie wurde vom persischen König Ahasverus (Xerxes I.) zur Frau erwählt und vereitelte die Ausrottung der Juden in Persien.«[1]

»Rachel: (auch:) Rahel: aus der Bibel übernommener weibl. Vorn. hebräischen Ursprungs, eigentlich ›Mutterschaf‹. Der Name ist in Deutschland nicht volkstümlich geworden.«[2]

»Rebekka: aus der Bibel übernommener weibl. Vorn. hebräischen Ursprungs. Die Bedeutung des Namens ist unklar. – Der Vorname kommt in Deutschland schon immer nur vereinzelt vor.«[3]

»Sara: (auch:) Sarah: aus der Bibel übernommener weibl. Vorn. hebräischen Ursprungs, eigentlich ›Herrin, Fürstin‹. Nach der Bibel ist Sara, die Frau Abrahams, die Stammutter Israels. Der Name fand in Deutschland erst im 16. Jh. Verbreitung. Er wurde aber nicht volkstümlich und spielt nur in der Namengebung bei jüdischen Familien eine Rolle.«[4]

Drei Namen mit Einschränkungen, drei Namen, die nicht »volkstümlich« wurden. Offenbar kann man nicht Rahel, Rebekka oder Sara heißen, wenn man dazugehören will, während der Name Esther eine Nuance akzeptabler zu sein scheint. »Volkstümlich« ist in diesem Zusammenhang ein hartes Wort. Denn einer der genannten Namen war eine Zeitlang sehr volkstümlich: Im nationalsozialistischen Deutschland mußten ihn alle Jüdinnen als zweiten Namen führen, damit sie als Jüdinnen identifizierbar waren.

1 Günter Drosdowski, *Duden Lexikon der Vornamen. Herkunft, Bedeutung und Gebrauch von mehreren tausend Vornamen*, Mannheim/Wien/Zürich[2] 1974, S. 76.
2 Ebenda, S. 171.
3 Ebenda, S. 174.
4 Ebenda, S. 184.

Sara – diesen Namen diktierte der nationalsozialistische Staat. Er spielte durchaus nicht »nur in der Namengebung bei jüdischen Familien eine Rolle«, vielmehr war er ein staatliches Diskriminierungsmerkmal, mit dessen Hilfe eine Gruppe zu Nicht-Bürgern wurde. Sara – ein Name auf endlosen Listen und Fragebögen, die alles erfragen, die Rentenversicherung und die Vermögensverhältnisse, den Familienstand und die Namen der Großeltern. Gertrud Sara Chodnieszer alias Gertrud Kolmar, Gertrud Sara Kantorowicz. Und so weiter. Sara und Israel.

Dieses staatliche Namensdiktat stand am Abschluß einer Entwicklung. An deren Beginn finden wir vier Frauen mit den genannten Vornamen. Am Ende des 18. Jahrhunderts nannten jüdische Eltern ihre Töchter noch freiwillig Sara. Eine hieß Sara Meyer, heiratete einen Bankier Wulff, ließ sich taufen, hieß dann Sophie und heiratete einen Baron Grotthuß. Die anderen, ihre Freundinnen, hießen Rahel, Rebekka und Esther, oder auch Hendel, Brendel und Hitzel. Sie hießen Mariane und Bella, Fanny und Clara. Jiddische Namen und Namen aus der hebräischen Bibel, Namen aus unterschiedlichsten Sprachen und Etymologien. Sara Meyer wurde 1760 in Berlin geboren und starb 1828 in Oranienburg. Dort konnte man hundert Jahre später einen anderen Tod sterben, falls einem der nationalsozialistische Staat den Namen Israel oder Sara auferlegt hatte. Nicht nur dort. Israel und Sara starben überall. Sara – ein Todesurteil.

Benannt werden – der Staat und die Namen

Esther, Rahel, Rebekka und Sara – diese Namen signalisieren eine Zeit, in der staatlicher Zwang zu eindeutigen Namen begann. Diese Namen konnten ihre Trägerinnen kein Leben lang begleiten. Alle vier wechselten ihren Vornamen, als sie sich taufen ließen: Esther wurde zu Lucie, Rahel zu Antonie Friederike, Rebekka zu Regina und Sara zu Sophie – christliche Kirchen ließen bestimmte Namen nicht als Taufnamen zu. Ein Übergang zu einem anderen Namen, der auch einen neuen Nachnamen einschloß: Drei dieser Frauen wechselten den Vornamen bei der Heirat mit einem christlichen Mann. Heiraten hieß, einen »richtigen« Namen zu bekommen, mit Vor- und Nachnamen. Das könnte man auch als Antwort auf eine Namensregelung lesen, wie sie im Zuge des Code Napoleon in verschiedenen Ländern Europas Einfluß bekam. Eine Zeit, in der die alte »jüdische« Namensregelung umgestülpt wurde, die Väter und Söhne bezeichnete, nicht aber Familien – über Generationen hinweg. Der zweite Name wechselte von Generation zu Generation: Wenn der Vater Levin Markus, der erste Sohn dann Markus Levin heißt, ist die Identifizierbarkeit einer Familie nicht gegeben. Einen zu wählen, läßt sich als Zeichen von Assimilationsbereitschaft lesen. Rahel, die Tochter des Levin Markus, und ihre Brüder nennen sich Robert, die Kinder eines Salomon nennen sich Saaling.

Es ist bezeichnend, schreibt Diethelm Klippel, daß »die Durchsetzung eines geregelten Namenswesens der Juden – nach Anfängen im josefinischen Österreich am Ende des 18. Jahrhunderts – unter französischem und badischem Einfluß zumeist im Zuge der Judenemanzipation des 19. Jahrhunderts erfolgt: Die grundsätzliche Gleichstellung mit anderen Staatsbürgern, insbesondere der Erwerb des Staatsbürgerrechts, wird mit der Pflicht verbunden, *fest bestimmte Familiennamen* zu führen bzw. anzunehmen und von der Obrigkeit registrieren zu lassen.«[5]

Der Zwang zum Familiennamen ist also eine Anforderung des modernen Staates an seine Bürger, der »jüdische« Familienname – eine contradictio in adjecto – eine Antwort auf diese Anforderung. Um 1800 war die Form dieser Antwort noch offen, während die Anforderung längst festgeschrieben scheint. Dies läßt sich in dem Buch von Tileman Dothias Wiarda, *Ueber deutsche Vornamen und Geschlechtsnamen*, nachlesen, das 1800 erschien. Namen dienen dazu, so heißt es hier, »einen Menschen von anderen und ein Geschlecht vom anderen zu unterscheiden«.[6] Ein Name hat also eine doppelte Funktion und muß deshalb aus zwei Teilen bestehen, wenn er den Menschen und sein Geschlecht bezeichnen soll. Doch das Recht des Benennens scheint nicht allen Menschen, sondern nur einem Geschlecht zuzukommen: »Kann also jeder Herr und Schöpfer seines Namens seyn; so ist der Name sein Eigenthum, worüber er nach dem Begriff des Eigenthums frei schalten kann.«[7] Wenn jeder »Herr und Schöpfer seines Namens seyn« kann, ist das

5 Diethelm Klippel, *Der zivilrechtliche Schutz des Namens, eine historische und dogmatische Untersuchung*, Paderborn-München-Wien-Zürich 1985, S. 40.

6 Tileman Dothias Wiarda, *Ueber deutsche Vornamen und Geschlechtsnamen*, Berlin/Stettin 1800, S. 47.

7 Ebenda, S. 193.

Recht des Benennens ein Herrenrecht. Doch innerhalb dieses Herrenrechts etabliert Wiarda einen Spielraum. Denn Namensänderungen sind in seiner Theorie ausdrücklich erlaubt, wenn sie nicht den Namen einer anderen Familie tangieren oder diesen gar übernehmen. Ähnliche Namen zu wählen, steht dagegen frei. Strafbar soll eine Änderung nur dann sein, wenn ein Betrug beabsichtigt ist, wenn sich jemand durch Namensänderung *der* Instanz des Nennens, dem Staat entziehen will. Umgekehrt gilt: »Der Staat befaßt sich also, es sey denn, daß besondere Umstände eintreten, oder der Misbrauch gerichtlich gerügt wird, nicht unmittelbar mit dem Gebrauch oder Misbrauch eines Namens.«[8] Ist der Staat also einerseits die Instanz des Benennens, so wird dessen Kompetenz gleichzeitig weitgehend eingeschränkt. Deshalb auch setzt sich diese Auffassung des Namens nicht durch, was Diethelm Klippel auf die inneren Widersprüche dieser Theorie zurückführt: »So ist der Grundsatz der freien Namensänderung mit dem Interesse des Staates an einem geordneten Namenswesen unvereinbar.«[9]

Diese Interessen sind tatsächlich unvereinbar, wenn der Staat sich den Zugriff auf seine Bürger ungehindert sichern will. Auf alle Bürger, aber auf einen Teil seiner Bürger in besonderer Weise: 1837 veröffentlichte Leopold Zunz ein kleines Buch mit dem Titel *Namen der Juden. Eine geschichtliche Untersuchung*. Doch der Gestus des Textes entspricht eher einer Verteidigung als der Rekonstruktion einer Geschichte. Ein Angriff wird abgewehrt, ein Angriff ohne Referenz und ohne benennbaren Angreifer. Ein Angriff des preußischen Staates, der seinen jüdischen Bürgern in immer neuen Verordnungen bestimmte Namen verbot. Der festschrieb, welche Namen »christlich« sind und welche »jüdisch«.[10] Das Alte Testament sei durchaus nicht »die Rüstkammer für jüdische Namen«, schreibt dagegen Leopold Zunz, Juden würden vielmehr in ihren Namen eine vielfältige und vielsprachige Geschichte mit sich herumtragen wie alle anderen auch. Juden in Deutschland seien Deutsche und schöpften ihre Namen daher aus der deutschen Sprache, in die im Laufe der Jahrhunderte Partikel aus vielen anderen Sprachen eingegangen seien. Von christlichen oder jüdischen Namen zu sprechen, sei ein Widersinn, denn eine

8 Ebenda, S. 184f.

9 Diethelm Klippel, *Der zivilrechtliche Schutz des Namens*, S. 51.

10 Vgl. dazu Dietz Bering, *Der Name als Stigma. Antisemitismus im deutschen Alltag 1812–1933*, Stuttgart 1987, S. 52–63 und S. 106–110.

Sprache gehöre einem Volk und nicht einer Kirche. Deutsche Juden hätten nur die deutsche Sprache, um ihr Namen zu entnehmen: »und nur wer den Juden die Sprache zu nehmen vermag, soll Namen verbieten«.[11] Hundert Jahre später wurden Namen nicht mehr verboten, sondern befohlen. Und nicht nur die Sprache wurde einer Gruppe Deutscher genommen, sondern das Leben, nachdem sie über Namen aussortiert worden waren.

In Leopold Zunz' Verteidigung, die sich gegen administrative Maßnahmen der preußischen Regierung zur Wehr setzt, bergen jüdische Namen eine Ambivalenz. Man könnte sagen, daß gerade diese Unbestimmtheit gegen die festschreibende Unterscheidung von »christlichen« und »jüdischen« Namen einen Raum des Nachdenkens darüber eröffnet, was Namen bedeuten und welche Geschichte sie transportieren. Jüdische Namen – so Leopold Zunz – bezeichnen eine besondere Geschichte: »Es sind Annalen in Chiffer-Schrift«[12], die entziffert werden müssen, denn Juden – »gerade sie« – »tragen ihre Namen als Narben alter ehrenvoller Wunden, und auf Wegen des Blutes und der Thränen sind diese Namen zu uns gekommen«.[13]

In der Abwehr gegen eine normierende Festschreibung jüdischer Namen entfaltet Leopold Zunz die Frage, wie jüdische Namen zu lesen wären. Jüdische Namen[14] – das ist das Allgemeine und das Besondere zugleich. »Jude« – das ist die Geschichte aller Völker und Nationen und gleichzeitig eine besondere Geschichte, die Geschichte einer Besonderheit.

Schreiben ohne Tradition – Schreiben ohne Tradierung

Um 1800, als die erste Generation jüdischer Frauen versucht, in der christlich dominierten deutschen Literatur und Kultur einen Platz zu finden, beginnt ein neues Kapitel in der Geschichte dieser Besonderheit. Versuchen wir, die genannten Namen als »Annalen in Chifferschrift» zu lesen.

11 Leopold Zunz, *Namen der Juden. Eine geschichtliche Untersuchung*, Leipzig 1837. Reprint: Hildesheim 1971, S. 121.

12 Ebenda, S. 1f.

13 Ebenda, S. 123f.

14 Vgl. dazu Benzion C. Kaganoff, *A Dictionary of Jewish Names and their History*, New York 1977.

Um 1800 sind Männernamen für Frauen Mode. Bis auf ein paar Sophies oder Amalien heißen die Frauen, die im Schreibnetz um 1800 an Autoren gekoppelt waren, Caroline und Charlotte, Wilhelmine und Friederike, Christiane und Ulrike, Pauline und Auguste – Vornamen, die von männlichen Namen abgeleitet wurden, Namen, die den Namen einer Frau als Derivat des Männlichen bezeichnen. Jüdinnen heißen damals anders. Ihre Namen sind Stationen in einer Linie weiblicher Überlieferung; sie transportieren Erinnerungen an verschiedene Traditionsstränge, werden aber nicht von männlichen Namen abgeleitet.

In der schriftlichen Überlieferung dieser Frauen, die vor allem aus einem weitgespannten Briefnetz besteht, ist die Suche nach einem Namen zwischen einem »weiblich« konnotierten jüdischen und einem Namen prägend, der auf männliche namengebende Instanzen verweist. In Rahel Levin Varnhagens Nachlaß, der Sammlung Varnhagen, die heute in der Biblioteka Jagiellonska in Krakau aufbewahrt wird, kann man diese Suche nachlesen. Insgesamt 14 Korrespondenzen mit jüdischen Jugendfreundinnen sind überliefert, fragmentarisch oft und mit großen Lücken, weil viele Briefe verlorengingen oder verbrannt wurden, aber dennoch ein großes Spektrum von Assimilationsstrategien entfaltend, begleitet von vielfältigen Selbstreflexionen dieses komplizierten Prozesses. In den letzten beiden Jahrzehnten des 18. Jahrhunderts dominiert die Erörterung von meist »unglücklichen« Liebesgeschichten. Keine dieser Frauen verliebt sich in einen jüdischen Mann; Liebe heißt vielmehr, sich auf die Suche nach einem »richtigen« Namen zu begeben und sich vom Namen des Vaters oder des jüdischen Ehemannes zu verabschieden. Nach 1800 verschieben sich die Akzente: Die meisten Paare haben sich gefunden, in den Vordergrund treten nun die Versuche, sich in der veränderten Welt zu orientieren. Neben der Welt der Salons und Badeorte erschließt sich die der politischen Umwälzungen und später der Konstitution einer Nation. Bald äußern die Frauen den Verdacht, daß ihnen in dieser neuen Welt als Autorinnen oder christliche Ehefrauen zwar ein etablierterer Platz zugewiesen ist, aber dennoch gehören sie nach wie vor nicht dazu. Immer noch sind ihre Namen stigmatisiert. Im Namen verläuft nach wie vor eine Grenzziehung.

Im Unterschied zu anderen überlieferten Korrespondenzen der Zeit fallen in den Briefen dieser Frauen auffallend wenig Namen. Oft fließen die Briefe ohne Ort und Datum, ohne Anrede und

Unterschrift in einen großen gemeinsamen Text. Namen werden abgekürzt, umschrieben oder vermieden. Hitzel Bernhard zum Beispiel, die später einen Doktor Fließ heiratete, sich von ihm trennte, in der Taufe die Namen Johanna Hedwig Wilhelmine annahm und einen Baron Boye, später einen Grafen Sparre heiratete, nennt Rahel Levin »Liebe R:« (12. 9. 1800) oder auch »Geliebte« bzw. »Geliebteste« und unterzeichnet ihre Briefe statt mit ihrem Namen folgendermaßen: »Adieu Geliebte, die ich mit dem wärmsten Gefühl in mir trage.« Andere Briefe enden: »wir werden uns wiedersehen« (1. 5. 1801), »Dein bin ich« (10. 2. 1800), »Lebe wohl und bleibe mir Freundin! –« (1813). Später, nachdem sie beide etabliert sind, schreibt sie an die »liebe Var:« und unterzeichnet mit »WS« (16. 1. 26) – einem Kürzel für Wilhelmine von Sparre.[15] Nie fällt der Name Rahel, nie der Name Hitzel oder Wilhelmine. Ebenso schreibt Rahel Levin an »meine liebe Freundin«[16], während sie einen Brief, der ausführlich Geldgeschichten der Familie mitteilt, mit »Levin«[17] – ohne Vornamen – unterzeichnet. Nach ihrer Heirat fällt ihr neuer Name: »Deine fr. Varnhagen von Ense«.[18]

Diese Namensregelung zieht sich durch all diese Korrespondenzen: Die Frauen nennen sich gegenseitig nicht bei ihren Vornamen, auch wenn sie das »Du«, diese damals ungebräuchliche Form der Anrede, wählen. Wenn von einer dritten Freundin die Rede ist, dann wird diese mit ihrem jeweiligen Nachnamen angesprochen. Fällt – ganz selten – ein Vorname, dann hat das eine besondere Bedeutung. Wie zum Beispiel in Rahel Levins Briefen an Rebekka Friedländer – die Gegenbriefe sind leider nicht erhalten. »Liebe R:« schreibt Rahel Levin häufig, benutzt also das Kürzel, mit dem sie selbst ebenfalls angesprochen wurde, und nennt ihre Adressatin mit einer Serie von Kosenamen, die auch anderen Freundinnen

15 Mappe Wilhelmine von Sparre, Kasten 237, Sammlung Varnhagen, Biblioteka Jagiellonska, Krakau. Bei den Briefen Rahels an Wilhelmine von Sparre liegt ein Zettel mit folgender Aufschrift: »Der Frau Geheimlegationsräthin Varnhagen von Ense in Berlin wenn nicht früher, sodann doch nach meinem Tode einzuhändigen«. Sie hatte also testamentarisch verfügt, daß die sorgfältig aufbewahrten Briefe der Schreiberin wieder zukommen sollten.

16 *Rahel-Bibliothek. Rahel Varnhagen, Gesammelte Werke*, hrsg. von Konrad Feilchenfeldt, Uwe Schweikert, Rahel E. Steiner, München 1983, Bd. I, S. 208.

17 Brief vom 25. 7. 1801, Mappe Wilhelmine von Sparre, Kasten 237, Sammlung Varnhagen, Biblioteka Jagiellonska, Krakau.

18 Rahel Varnhagen, *Gesammelte Werke*, Bd. IX, S. 732.

zugedacht wurden: »Liebe beste Putte«, heißt es da, oder »Lieber Engel«, »liebe begine« und ebenso »adieu carina«.[19] »Um 7 Uhr liebes Schnäutzchen holt mich Humb[oldt] ab«, verspricht ein Brief, während ein anderer sich an die »liebe freß=taube« wendet.[20]

Rebekka Friedländer verschwindet hinter dem Kürzel »R.« und die Schreiberin hinter einem verdopppelten: es unterzeichnet »RL« oder »RR«.[21] R. und RR. – ein Schreiben wie an einen Spiegel, ein Schreiben, das den eigenen Namen und den der anderen in *einer* Bezeichnung zurückbringt. Eine Serie von Briefen durchbricht diese Namensregelung. Als Rahel Levin im Herbst 1808 nach Leipzig reist, unterzeichnet sie einen Brief nach Berlin mit »Rahel«, und ebenso zeichnet sie ihre Briefe aus Berlin an Rebekka Friedländer, die den Sommer 1810 in Teplitz verbringt.[22] Damit dieser Name benutzt wird, ist offenbar eine räumliche Trennung nötig. »Rahel« stellt eine Distanz her und gleichzeitig eröffnet die Bezeichnung einen Raum der Reflexion über die mit diesem Namen verbundene Geschichte: »Aber von der fürchterlichsten Laune bin ich. Ich weiß auch die Ursache. Es ist die Angst – – – Angst sage ich – – – über den Jammer: die mich zu allem Schreklichen in mir zurükführt. Meine Umgebungen sind zu drükend u[nd] ich vermag ohne ihnen zu entfliehen auch kein Stäubchen daran zu verändern. *Hier* wird mir *Alles* zu Rahel! das heißt, zur infamsten Situation! *Nie* erscheine ich die die ich bin; ewig nimmt mich Einer aus des Andern hand. Und in der Verzweiflung laße ich's dabey; Anstrengung um sich darzustellen ist auch Tollheit; u[nd] der höchste Ekel!«[23]

»Rahel« – das ist nicht nur der Name einer Person, »Rahel« bezeichnet vielmehr eine Etappe in einer Geschichte, die die Trä-

19 Putte wird die Adressatin mehrfach genannt, vgl. *Briefe an eine Freundin. Rahel Varnhagen an Rebekka Friedländer*, hrsg. von Deborah Hertz, Köln 1988, S. 100 und S. 211; Engel heißt sie auf S. 239, begine auf S. 236 und carina auf S. 123. Putte, Engel und carina sind ebenso Kosenamen für Pauline Wiesel, vgl. dazu meine Studie *Antworten Sie mir! Rahel Levin Varnhagens Briefwechsel*, Basel/Frankfurt am Main 1990, S. 116f.

20 Brief vom 6. 1. 1807, in: *Briefe an eine Freundin*, S. 144, bzw. vom 31. 6. 07, ebenda, S. 185.

21 Deborah Hertz entziffert das erste Kürzel »RL« durchweg falsch als »M« und spekuliert, daß dies ein Zeichen für »Mutter« sein könnte, vgl. ebenda, S. 71. Es handelt sich aber schlicht um einen Lesefehler.

22 Vgl. ebenda, S. 236, S. 256f. und S. 262f.

23 Brief vom 15. 4. 08, ebenda, S. 229.

gerin dieses Namens nicht dirigieren kann. »Rahel« ist der Effekt einer Darstellung, die keinen Adressaten findet. In einer Kette von Verkennungen trifft Rahel nur auf Menschen, die immer schon wissen, wer sie ist, die sich nie die Mühe machen, sie kennenzulernen. Auch die Anstrengung der Darstellung kann diese Verkennung nicht aufheben.

Rahel – dieser Name verweist ebenso auf einen Ort: Wenn die Briefe in einer Stadt wandern und diese nicht verlassen, ist ein Spiel mit Identitäten möglich. Wenn sie einen Weg aus der Stadt hinaus machen, tritt ein Außenblick dazu, der »Rahel« allererst hervorbringt. Die Trägerin dieses Namens wird in eine Identität gebannt, der sie nicht entrinnen kann, auch wenn ihre Darstellung noch so geglückt scheint. »Ich machte es wie *Sie* lebte Jedem Menschen, jedem Ereignis, jeder Stunde zu Gefallen: u[nd] that das doch Alles auch nur, um meinem Leben ein gewißes Ansehen, eine Nahmensfähigkeit zu geben: um die Leute mit meiner lieben Rahel zufrieden zu stellen.«[24] Doch das Leben wird nicht namensfähig. Solange es »Rahel« genannt werden kann, bleibt es als Fremdes gebrandmarkt.

Und wer ist »Rebekka«, wann fällt der Name der Korrespondentin? In einem großen Brief Rahels vom 14. September 1810, der ein Resümee der Freundschaft zieht, wird die »Liebe Rebekka« angesprochen. Doch dies »Liebe« ist hier nicht die Floskel, mit der wir einen Namen zur Briefanrede verbinden. »Liebe Rebekka« ist vielmehr das Resultat einer großen Reflexion über die Liebe Rahels zu Rebekka. Auf einen verlorenen Brief Rebekka Friedländers, in welchem diese Rahel offenbar ihre Liebe erklärt hatte, erklärt nun Rahel, daß sie diese Liebe nicht verstehe. Die Freundin habe durch die Bekanntschaft mit Rahel zwar »unendlich gewonnen«, weil »der ganze Horizont ihrer begriffe erleuchtet ist; ein ganzes Magazin von alten Meinungen, Urtheilen u[nd] Wünschen, bey seite geschafft, *felder* mit neuer Saat versorgt [...]. Aber im Zusammenhang Ihres Wesens haben Sie nicht gewonnen.« Der Grund dafür ist, daß Rebekka die Freundin bewundert und ihr ähnlich sein will, und dabei aber Rahels besonderen »Willen« übersieht: »Der Mensch kann nicht recht auseinandersetzen was das ist, der Wille. Aber ein jeder siht, das Aug in sich gekehrt, fühlt nach seinem Innren horchend, das ein letztes Wollen in ihm

24 Ebenda, S. 280.

giebt, unterschieden von dem vielen zerspaltenen, welches mit den besten Ueberzeugungen übereinstimmt, u[nd] der *reinste*, also der uns bekandte, beste Wille ist.« Dieser Wille allein »macht wahrhaft liebenswürdig, u[nd] ist allein liebenswürdig. Wenn Sie Liebe, also mich lieben, so muß *dieser* Punkt sie anzihen.«[25] Doch diesen Willen scheint Rebekka Friedländer weder zu sehen noch zu verstehen. Erneut wiederholt der Brief deshalb diese Darstellung von Liebe, bevor die Sequenz mit dem Namen der Freundin endet: »Wer mich um etwas anders liebt betrügt mich, oder sich. der lügt, oder ist albern. darum Liebe Rebekka freut mich nicht allein so seltene Aüßerung von Liebe, sondern empöhrt sie mich sogar.«[26] »Liebe Rebekka« – das ist also der Name einer Differenz, als ob man die beiden Wörter mit einer großen Pause dazwischen lesen müßte: Liebe --- Rebekka. Als ob gerade die Liebe und Rebekka für Rahel nicht zusammenkommen könnten, weil in der Weise, wie Rahel von der Freundin geliebt wird, ein Unterschied verschwunden ist. Der Name markiert diesen Unterschied, er richtet ihn wieder auf, indem er ihn nennt. Der Name *ist* der Unterschied. Und zwar nicht der, der zwei Menschen immer voneinander trennt, sondern der, der in der Liebe die Anerkennung des Andern als Anderen fordert. Liebe ist von Rebekka aus geschrieben Identität, von Rahel aus geschrieben dagegen Unterschied. Wenn er zu verschwinden droht, weil die Andere sein will wie die Eine, muß der Name als Zeichen des Unterschieds genannt werden.

Man könnte die Fixierung von »Rahel« und »Rebekka« auch als Resultat davon lesen, daß der gemeinsame Briefwechsel von einem anderen Text überschrieben wurde: Rebekka Friedländer veröffentlichte einen Roman *Schmerz der Liebe*, der im Sommer 1810 anonym und 1815 in einer verbesserten Auflage unter dem Autornamen Regina Frohberg erschien. Es war ein Schlüsselroman, und dem Berliner Publikum fiel es nicht schwer, die Personen zu identifizieren. Rahel Levin war im Roman eine besonders unangenehme Rolle zugedacht. Sie wurde als Baronin Charlotte von Willingshausen folgendermaßen porträtiert: »Einer tiefen Leidenschaft fähig, aber keiner Freundschaft, konnte sie dem unbedeutendsten Manne die größten Opfer bringen, der ausgezeichnetsten

25 Ebenda, S. 265 f.
26 Ebenda, S. 266.

Frau keines!«[27] Aus der Perspektive einer Gräfin Aarberg geschildert, die Züge der Autorin trägt, wird die Kälte und Unmenschlichkeit der Baronin gezeigt, die andere von sich abhängig macht. »In ihren Aeusserungen über Menschen und menschliche Verhältnisse, war sie hart und schneidend. Für große Weltbegebenheiten konnte sie sich mit Wärme interessieren, von Literatur und Kunst mit Begeisterung sprechen; aber alles, was sich in der Gesellschaft zutrug, ließ sie kalt. Was sie *wahr* seyn nannte, war oft nur Erbitterung ihres Herzens, die aus mancherlei Erfahrungen und Unglücksfällen entsprungen, ihr ganzes Wesen gleichsam mit Galle stempelte.«[28] »Wer sagt Dir [...], daß ich eine Freundin brauche? Ich brauche keine!«[29] – so endet ein Disput mit der Gräfin, die der Baronin ihre Lieblosigkeit vorwarf.

Im Briefwechsel weist Rahel Levin diese Lesart ihrer Person und ihres Verhältnisses zu Rebekka Friedländer zurück: »Ihr Buch macht mir viel Verdruß. Alle bekannte fallen über mich her, wie Sie mich so haben können an den Pranger stellen; und wollen Rechenschaft von mir. [...] Manche wollen es rezensiren, dagegen schreiben.«[30] Und kurze Zeit später: »Ich verzeye Ihne völligst, so

27 *Schmerz der Liebe*, Von der Verfasserin des Romans: Louise oder kindlicher Ungehorsam und Liebe in Streit, Berlin 1810, S. 110.

28 Regina Frohberg, *Schmerz der Liebe*, Wien 1815, S. 104f.

29 Ebenda, S. 108.

30 Brief vom 17. 8. 1810, *Briefe an eine Freundin. Rahel Varnhagen an Rebekka Friedländer*, S. 259.

Auch Karl August Varnhagen kommentierte den Roman: »Da sie [Rebekka Friedländer] gerade einen neuen Roman schrieb, so schüttete sie alles Gift in diesen aus. Das Buch schilderte ihren eigenen Lebensgang mit oft unglaublichen Farben und Ausdrücken; und Rahel bekam eine Rolle darin, und eine recht schlechte. Sie wurde geschildert als eine Person, die nur groben Vortheil erstrebe, und dies unverhohlen drücke, indem sie geradezu sage: sie wolle gar keinen Menschen mehr kennen lernen, der nicht Pferde und Wagen und einen Koch habe! Freilich hatte Rahel dies mehrmals in ihrer humoristischen Laune geäußert, und Mad. Friedländer darin eine Lebensklugheit bewundert [...]. Die plumpe Ungeschicklichkeit erreichte ihren Zweck nicht ganz, das Buch enthielt die ärgsten Verstöße gegen Sitte und Ausdruck und stellte die Verfasserin auf allen Seiten bloß, so daß sie froh war, ihren Namen nicht dazu gegeben zu haben, noch zu rechter Zeit viele gar zu arge Blätter umdrucken ließ, und, hiemit nicht zufrieden, – nach einiger Zeit die Verbreitung des Buches ganz zu hemmen suchte.« Karl August Varnhagen, *Einiges zum einleitenden Verständnisse der Briefe von Rahel an Rebecca Friedländer oder Regine Frohberg*, Kasten 62, Sammlung Varnhagen, Biblioteka Jagiellońska, Krakau. Deborah Hertz hat diesen Text in ihrer Teilausgabe der Briefe Rahels an Rebekka Friedländer aus unerfindlichen Gründen nicht abgedruckt. Am Schluß von Varnhagens Ausführungen heißt es: »und ein künftiger

oft ich den Schmerz der Liebe vergeße. [...] Sie sagen aber selbst, sie mußten Ihrem herzen Luft machen; wodurch Liebe? – – – wenn sie mich in der baronin nicht schilderten; und thaten Sie es, so bin ich doch getroffen.«[31] Auch dieser Brief, einer der letzten der Korrespondenz, ist von »Rahel« unterzeichnet. Mit einer großen Frage, die keine Antwort zurückbringen kann, bricht der Briefwechsel schließlich ab: »Hier springt mir eine frage vor's Gesicht die gar nicht hier her zu paßen scheint: was lieben Sie denn an mir? So heißt sie – – – bald sind Sie böse auf mich, bald sehnen Sie sich nach mir. Noch nie habe ich diesen wiederspruch bewirkt. Am häufigsten bin ich nicht beachtet worden, viel verachtet, lange, lange nicht geliebt: gehaßt oft; geliebt übernatürlich selten, von Geliebten aüßerst kurtz, von ein paar freunden nur; von freundinen sehr ernst und sehr lange.«[32]

Die Freundschaft mit Rebekka Friedländer bricht hier ab und wird nicht ernst und lang wie die zu allen anderen jüdischen Jugendfreundinnen. Daß der Briefwechsel von einem anderen Text überschrieben und damit ein neuer Strang der Tradierung initiiert wird, hat zur Folge, daß der alte gekappt werden muß. Beide können offenbar nicht nebeneinander bestehen. Das Romaneschreiben schließt aus, was im Briefwechsel möglich war: R. und RR. können schreiben, und manchmal auch Rahel und Rebekka, die Friedländer bekommt eine Stimme und auch die Levin. Im Roman dagegen werden die Identitäten der Figuren auch namentlich festgeschrieben – ihre Geschichte ist fertig, überschau- und kontrollierbar. Die eine schreibt und fixiert in diesem Schreiben auch die Andere, der nur das Lesen bleibt und eine Frage, die keine Antwort findet. Der Spielraum der Korrespondenz wird dadurch so nachhaltig beschnitten, daß nur noch der Abbruch folgen kann. Die Autorin von Romanen, die sich mit ihren autorisierten Texten in die herrschende literarische Tradierung einschreibt, verdrängt

Herausgeber wird nicht umhinkönnen, diese Mittheilungen hin und wieder zur Beleuchtung des Ganzes anzuwenden«. Eine künftige Herausgeberin konnte es offenbar durchaus.

Auch Varnhagen war sich nicht sicher, wie er Rahels Adressatin in seinem Text nennen sollte: Zuerst schrieb er »Rebecca Salomon«, strich »Salomon« dann durch und schrieb darüber »Saaling«. Ein paar Zeilen später heißt sie »Mad. Friedländer«, was wieder durchgestrichen und in «Frohberg« verbessert wurde. Wieder ein paar Seiten später heißt sie dann doch wieder »Friedländer«.

31 Brief vom 6. 9. 1810, *Briefe an eine Freundin*, S. 262f.

32 Brief vom 18. 9. 1810, ebenda, S. 269.

die labile und gefährdete Überlieferung des Briefeschreibens. Bis die beiden Stränge sich ausschließen. Regina Frohberg verdrängt Rebekka Salomon Saaling Friedländer und fordert im Alter deren Briefe an Rahel zurück, um sie zu verbrennen. Die vielen in Romanen gesammelten Geschichten von Glück und Unglück, von Liebe und Verrat, Allerweltsgeschichten ohne Besonderheit[33], löschen die Geschichte der Rebekka. Es bleibt aber eine Frage an sie: »Was lieben Sie denn an mir?« Überliefert von der, die nicht in Friederike Varnhagen von Ense aufging, sondern einen Namen in die Überlieferung einließ, der die Ambivalenz des »jüdischen Namen« offenhält. Lesen konnte man diese Briefe in einem Buch mit dem Titel *Rahel. Ein Buch des Andenkens für ihre Freunde.*[34]

Zwischen Brief und Werk

In zwei anderen Korrespondenzen Rahels mit jüdischen Jugendfreundinnen – mit Esther Gad und Sophie von Grotthuß – führen publizistische Aktivitäten der Freundinnen nicht zum Abbruch des Briefwechsels, sondern beleben diesen neu. Gerade auch deshalb, weil die Etablierung von Autorschaft in beiden Fällen nicht zur Auslöschung der Briefschreiberin führt. Briefwechsel und Werk können nebeneinander existieren und eine spannungsreiche Beziehung entfalten.

Nach Sophie von Grotthuß' »Werken« wird man in jeder Bibliographie vergeblich suchen. Ihre literarischen Arbeiten blieben ein Versprechen an die Nachwelt, doch Spuren gibt es genug. Karl August Varnhagen schreibt im Vorspann zu Briefen Goethes an Sophie von Grotthuß, die er erstmals veröffentlichte: »Frau von Grotthuß war in früheren Jahren öfters von bedeutenden Männern aufgefordert worden, als Schriftstellerin aufzutreten. In französischer und deutscher Sprache hatte sie Erzählungen, Dramen,

33 Die Titel der Romane von Regina Frohberg sind endlose Varianten dieser unspezifischen Polaritäten, vgl. dazu den Anhang.

34 Da die Freundschaft zu Ende war, konnten Briefe Rahels an Rebekka Friedländer bereits 1821 anonym in der Zeitschrift *Die Wage* erscheinen. Sie wurden dann in der genannten Ausgabe *Rahel. Ein Buch des Andenkens für ihre Freunde*, vgl. *Rahel Varnhagen, Gesammelte Werke*, Bd. I, nachgedruckt. Eine genaue Aufstellung der Briefe findet sich in Band X, S. 362.

moralische und sogar politische Aufsätze versucht, besonders ihre französischen Arbeiten wurden sehr geschätzt.«[35]

Außerdem war sie – wie Varnhagen weiter bemerkt – »anderthalb Jahre vor ihrem Tode« damit beschäftigt, »eine Anzahl Briefe von Ramler, Gedike, Zöllner, Biester, von Ligne, Frau von Stael und Andern zur Herausgabe zu ordnen, allein diese Papiere sind durch Unkunde späterhin größtentheils verbrannt worden, und nur wenig – zum Glück die meisten von Goethe, die weil er noch lebte, nicht für jene Sammlung bestimmt waren, fanden sich in dem Nachlasse.«[36] Um diesen Nachlaß hat er sich offenbar nachhaltig und mit Erfolg bemüht, denn im entsprechenden Kasten der Sammlung Varnhagen findet man neben dem Briefwechsel mit Rahel Levin Varnhagen auch handschriftliche Manuskripte eines Dramas und eines Essays, verschiedene Nachlaßpapiere und Korrespondenzen.[37] Außer den Briefen an Goethe, die im Goethe-Schiller-Archiv in Weimar liegen, sind alle anderen Manuskripte der Sophie von Grotthuß verschwunden. Eine nicht unübliche literarische Karriere einer Frau, die keinen Autornamen finden konnte.

Im leider unvollständig überlieferten Briefwechsel mit Rahel Levin Varnhagen changieren die Namen, die sich die Korrespondentinnen geben. »Meine theure Freundin« oder »Aimable Amie«, »Liebe Robert« oder »liebes gutes Wesen« schreibt Sophie von Grotthuß und unterzeichnet mit »SGr«. Rahel nennt die Korrespondentin »Grotta«, manchmal »Sophie« und selten auch einmal »Sara«: »Sanfte Sara! – sanft und freundlich nenn' ich Dich jetzt, weil ich mir unbewußt während dem Schreiben dein Gesicht

35 Karl August Varnhagen, *Frau von Grotthuß und Frau von Eybenberg*, in: ders., *Gesammelte Schriften*, hrsg. von Ludmilla Assing, Bd. 18, Leipzig 1874, S. 80. Hier ist außerdem die Rede davon, daß auch Mariane von Eybenberg schrieb. »Frau von Eybenberg schrieb ungern, und faßte sich auch in Briefen gern möglichst kurz; doch gab es auch von ihr eine Sammlung handschriftlicher Blätter, welche die Besitzer ungemein werth hielten und nur in vertrautem Kreise mittheilten. Es waren dies sogenannte Bildnisse oder Karakterschilderungen von Personen aus der Gesellschaft, und die Schärfe und Richtigkeit dieser Zeichnungen erregte Bewunderung und Furcht, denn freilich hatte bei den meisten eine feindliche Menschenkenntniß den Griffel geführt. Auch ihr eignes Bild soll sie in dieser Art mit größter Meisterschaft schonungslos gezeichnet haben, nachdem Frau von Stael, entsetzt über diese grausame Darstellungsgabe, geäußert habe, diese werde gewiß nie das eigne Bild versuchen.« Ebenda.

36 Ebenda, S. 77.

37 Vgl. Kasten 78, Sammlung Varnhagen, Biblioteka Jagiellońska, Krakau.

vorgestellt hatte, und dein bloßes Zuhören, mein mich an dich in Gedanken Wenden, mich schon besänftigte.«[38] »Sara« – das ist eine Erinnerung an eine Zeit, aus der nichts Schriftliches überliefert ist. Berlin in den achtziger Jahren des 18. Jahrhunderts, zwei Freundinnen, so eng bekannt, daß sie das damals ungewöhnliche Du benutzen. Eine bis ins Alter wiederholbare Erinnerung an eine Zeit, als es noch Sara und Rahel gab: »sara« – lateinische Buchstaben mitten in einem Satz, der in deutscher Schrift verfaßt ist – schreibt Rahel in einem Brief vom 2. Juli 1824, der die Korrespondenz nach zehnjähriger Unterbrechung wieder anknüpft, und unterzeichnet mit »votre fr:V:«, um dann doch noch ein Postskriptum anzufügen: »Deine R.« »Sara« ist der Name der Quintessenz der Freundschaft, an Sara richten sich Rahels lange Reflexionen über Freundschaft. »Grotta« dagegen benennt eine Position, »Grotta« heißt beispielsweise die Freundin Goethes, an die sich Rahel in demselben Brief wendet, der von der »sanften Sara« spricht.[39]

Am 19. August 1814 schreibt Rahel an die »theure Sophie«, der sie eine ausführliche Reflexion über individuelles Glück und Unglück in einer Zeit schreibt, »wo es keine hauptstadt, keine Hauptnazion, keine hauptgroße Welt mehr giebt, nur gärungsstoff, Fragen ohne Antworten, Frieden ohne großen Gewinn in der Stelle.«[40]

In diesem Brief/Wechsel, in dem die Positionen der Schreiberinnen so variabel sind, eröffnet gerade das Schreiben von anderen Texten neben Briefen völlig neue Möglichkeiten der Korrespondenz. Eine wichtige Voraussetzung dafür ist, daß bereits in den ersten Jahren Brief und Antwort präzise ineinandergreifen. In einem Brief Rahels vom August 1812 aus Berlin heißt es: »Dein Brief war einer der schönsten: nämlich auch von deinen! so reif, daß er süß war; so fertig, so sanft, und so *alles* und das Beste voraussetzend! lange hat mir nichts so gefallen, mich nichts so gefreut!«[41] Und die Antwort aus Dresden vom 22. November 1812: »du sagst mein Brief sey schön, dies kann nicht sein, um schöne Briefe zu schreiben, hört imagination, woran es mir gebricht, ich kann den Dingen nur eine vernünftige Seite abgewinnen und dieß zerstöhrt

38 Brief vom 24. 6. 1814, in: *Rahel Varnhagen, Gesammelte Werke*, Bd. II, S. 225.
39 Vgl. ebenda, S. 226f., wo Rahel die Freundin bittet, sich wegen eines patriotischen Theaterstücks an Goethe zu wenden.
40 Ebenda, S. 237. Nach der Handschrift revidiert.
41 Ebenda, S. 59.

das Ideale, ohne dem nichts schön ist. *reiff* – nun ja im Treibhause des Leidens reifft die Vernunft die aber selten anders als von ächtem *Verstande süß* gefunden wird –«[42]

»Schöne Briefe«, mit denen auch die Schreiberin zufrieden ist, verfaßt sie 1824 und 1825, in den Jahren also, in denen sie literarisch sehr aktiv ist. Je mehr sie schreibt, desto besser werden ihre Briefe. Ein brieflicher Dialog entsteht, von großer Intensität, in dem sich viele Briefe zu Essays dehnen, über französische und deutsche Literatur, über Philosophie und Poetik. Auch über Frauen und Männer, »den die Männer, selbst die ausgezeichnesten wollen das die Frauen nur wie die Schmetterlinge kosten sollen, die ganze erkuikliche Nahrung schöner und Gesunter Fruchte soll für sie bleiben, wenn Sie mit Weibern raisoniren, so soll das Gesagte oder Gefragte sie neu mit der eignen Tiefe und Gründlichkeit nur mehr bekant machen, und durch den Contrast vergewißern, daher mögen sie keine Philosophisch denkende Frau«.[43]

Der Briefwechsel mit Rahel Levin Varnhagen bietet dagegen die Möglichkeit, so mit einem Weib zu raisonieren, daß ein endloser Dialog entsteht, in dem sich niemand seiner eigenen Fähigkeiten vergewissern muß. Im Gegenteil. Schreiben scheint ein Prozeß zu werden, der sich an jemand richtet, den zwei zusammen vollziehen: »Ich war ganz voll von Deinem Brief«, schreibt die eine, »dein lieber Brief hat mir sehr wohlgetan«, die andere.[44] Sophie von Grotthuß schreibt und schreibt, schickt der Freundin französische Gedichte und auch französische Briefe. Vom Drucken dieser Texte ist nicht die Rede. Vielleicht, weil sie einmal gelesen wurden und deshalb ankamen?

Anders in Rahel Levin Varnhagens Briefwechsel mit einer anderen Jugendfreundin, mit Esther Gad.[45] Auch hier gibt es zwei

42 Mappe Sara von Grotthuß, Kasten 78, Sammlung Varnhagen, Biblioteka Jagiellońska, Krakau.

43 Brief vom 27. 1. 1825, ebenda.

44 Brief Rahel Levin Varnhagens vom Dez. 1824, Brief Sophie von Grotthuß' vom 21. 12. 1824, ebenda.

45 Bereits im ersten gedruckten Brief Rahels vom 10. 10. 1787 ist von Esther Gad die Rede. Vgl. Rahel Varnhagen, *Gesammelte Werke*, Bd. I, S. 52f. Ob die Frauen sich damals schon persönlich kannten, ist fraglich. Nachweislich datiert der persönliche Kontakt vom Sommer 1796, den beide Frauen zusammen in Töplitz verbrachten, vgl. einen Brief Rahels an David Veit vom 23. 8. 1796, wo es heißt: »Die Bernard aus Breslau ist aber hier ...«, ebenda, S. 161, und am 9. 9. 1796 schreibt sie an Carl Gustav von Brinckmann ebenfalls aus Töplitz: »Nun, ich befinde mich so ziemlich besser, lebe still, diät und häuslich, und ruhig mit Ma-

Phasen der Korrespondenz: Eine Kette von Briefen, die in den neunziger Jahren des 18. Jahrhunderts entstehen, dann eine lange Pause und ein Neubeginn in den zwanziger Jahren des 19. Jahrhunderts. Dazwischen aber führt Esther Gad eine Korrespondenz mit Jean Paul, und deren Scheitern führt sie zum Bücherschreiben.

Jean Paul und Esther Gad[46]

In einem Brief an Jean Paul schrieb Esther Gad: »Ich kenne keinen Schriftsteller ältrer oder neurer Zeiten, der so allgemein von den Weibern geliebt wurde, als Sie. Dies anzuführen, muß Ihr Biograph einst nicht vergessen.«[47] In dieser vielzitierten Sentenz setzt Esther Gad als selbstverständlich voraus, daß Jean Paul einen Biographen finden wird, und ebenso selbstverständlich scheint zu sein, daß sie selbst keinen finden wird. Sie wird die Zeiten als Leserin eines Werkes und Bewunderin eines Mannes überdauern, auch wenn sie selbst mehrere Bücher und Aufsätze verfaßte, und diese »Ehre« wird sie mit anderen Frauen teilen. Da die Liebe der Frauen eine Antwort auf das Werk des Schriftstellers ist, da jene sich also immer schon auf einem abgeleiteten Platz finden, sind sie offenbar nur in Blick auf ein Werk tradierbar, das nicht das ihre ist: In einer »fremden« Biographie. Diese Triade aus Schreiben, Liebe und Überlieferung erschwert nicht nur, daß eine Frau zur Schriftstellerin wird, sie verhindert auch einen Brief*wechsel* mit Schriftstellern, wie die Briefe von Esther Gad und Jean Paul eindrücklich

riane [Meyer], Mad. Bernard (die kluge aus Breslau)...«, ebenda, S. 162. Da beide Frauen mit Jean Paul bekannt sind und mit ihm korrespondieren, bleibt er bis zum Ende ihres Briefwechsels präsent. Am 25. 4. 1826 schreibt Esther Gad an Rahel: »Und so ist auch Jean Paul todt. Es kommt mir immer sonderbar vor wenn Menschen mit so viel Geist sterben. Die Dummen sind immer halb todt!« Mappe Esther Domeier, Kasten 53, Sammlung Varnhagen, Biblioteka Jagiellońska, Krakau.

46 Auszüge aus dem folgenden erschienen in meinem Aufsatz *»Geliebtester Schriftsteller«. Esther Gads Korrespondenz mit Jean Paul*, in: *Jahrbuch der Jean-Paul-Gesellschaft* 25 (1990), S. 7-42.

47 Brief vom 16. 9. 1800, zitiert nach ebenda, S. 31. Ausgehend von diesem Zitat untersucht Wulf Köpke, wie Jean Pauls Werke von Frauen gelesen werden, vgl. *»Von den Weibern geliebt«: Jean Paul und seine Leserinnen*, in: *Die Frau von der Revolution zur Romantik*, hrsg. von Barbara Becker-Cantarino, Bonn 1980, S. 217-242.

belegen: Es handelt sich um einen großen Monolog der Esther – von ihr sind 14 Briefe an Jean Paul erhalten – mit wenigen Billetts als Antwort.

Den Auftakt bilden drei Briefe aus dem Jahr 1797, dem Jahr der Begegnung der Korrespondenten in Franzensbad. Esther Gad ist die Werbende; sie wendet sich an Jean Paul und versucht immer neu, einen Briefwechsel zu initiieren. Auf ihren ersten Brief antwortet Jean Paul kurz und knapp, während bereits der zweite ohne Antwort bleibt. Es folgt ein weiterer Brief Esther Gads mit nun dringender Bitte um Antwort, auf den Jean Paul mit einem kurzen und verärgerten Brief reagiert; danach bricht die Korrespondenz für längere Zeit ab. Was war geschehen? Auf den ersten Blick wirkt der Briefwechsel wie eine Variation des alten Themas von geliebtem Autor und liebender Leserin. Auf den zweiten ergibt sich ein anderes Bild. Wie keine andere zeitgenössische Briefschreiberin reflektiert Esther Gad dieses unproduktive Verhältnis: »Wer einen Schriftsteller liebt, liebt immer ohne Gegenliebe«[48], schreibt sie lakonisch. Die Liebe der Weiber, die Jean Pauls Biographie prägen wird, scheint sie selbst auf eine gewisse Weise nicht einzuschließen: Im Unterschied zu anderen Frauen liebt sie in erster Linie Jean Pauls Texte und erst in zweiter Linie den Autor selbst: »Bey anderen Meisterstüken denke ich oft an ihre Verfaßer; der Hesperus muß meinem frommen Enthusiasmus ein Unerschaffner geschienen haben, denn ich dachte gar nicht an seinen Verfasser – aber nun ich Sie kenne gefallen Sie mir so gut als er selbst – denn Sie sind auch vortreflich. So ohne Anmaßung – so gut – lebhaft und doch sanft! Ihr Herz blikt nicht stolz und verächtlich in die Freude herein, die Ihr Kopf Andern macht; Sie freuen Sich mit.«[49] Immer wieder liest sie den *Hesperus* und später den *Titan*, sie liest ihn zusammen mit anderen, sie liest ihn andern vor. Nie aber schreibt sie in ihren Briefen an Jean Paul, was sie da liest. Der Autor ist offensichtlich nicht der Adressat für Lektüreskizzen seiner Bücher, ihm wird lediglich zurückgemeldet, daß seine Texte gelesen werden. Gleichzeitig ermöglichen diese Lektüren eine Kontinuität, die im Kontakt mit dem Autor nicht möglich ist: »Wenn bey Frauen nur nicht Eroberungssucht und Eitelkeit ins Spiel kommen, dann sehen sie unstreitig schärfer als die Männer, und dann behalten sie das einmahl liebgewonnene immer lieb, und erkennen

48 Brief vom 1. 6. 1800, in: Barbara Hahn, »*Geliebtester Schriftsteller*«, S. 26.
49 Brief vom 29. 7. 1797, ebenda, S. 17f.

die einmahl anerkannte Vortreflichkeit immer an; die Weiber haben *Eigen*sinn; die Männer haben nichts *eigenes*, und wechseln ihre Autoren – wie wir unsre Hauben.«[50]

Am Anfang der Bekanntschaft hat sich Jean Paul diese Bekenntnisse offenbar mit einem gewissen Vergnügen gefallen lassen und deren Verfasserin zu häufigen Treffen und vielen Briefen ermutigt. Bald mußte diese allerdings feststellen, daß sich zwischen diesen Ermunterungen und deren Realisierung eine Kluft auftat. Esther Gad wurde bereits in Franzensbad öfter versetzt – wegen einer anderen Frau, in die sich Jean Paul gerade verliebt hatte. Aus den versprochenen häufigen Treffen wurde also nichts: »Ihre Inkonsequenz hätte mich gekränkt auch wenn ich nicht ihr Gegenstand und Opfer gewesen wäre«[51], schreibt sie daraufhin, und in einem der nächsten Briefe: »Sollte nur in Ihren Schriften, Ihr Herze Ihres seltenen Kopfes würdig *scheinen*?«[52]

Auf diese Kritik antwortet Jean Paul prompt, indem er sein vorheriges Schweigen legitimiert und künftiges ankündigt: »Mein Auszug aus Hof – zu Anfange Novembers – lies mir Ihre Briefe, Madame, blos später zukommen. Ihr erster gab mir durch seine Einkleidung und durch seinen Geist, durch Zeichnung und Kolorit (wie die menschlichen Gespräche) gerade so viel Freude – in sofern er Sachen betraf – als er mir nahm – in so fern er Personen angieng. [...] Die Vorwürfe, die blos mich betreffen – da Sie mir moralische Irthümer schuldgeben, indes Sie höchstens von intellektuellen gewis sein konten – ertrug ich lieber mit dem Schweigen, das Ihr zweiter Brief beschlos. Jedoch sogar dieser enthält die ungerechte und kühne Stelle: ›Solle nur in Ihren Schriften Ihr Herz Ihres Kopfes würdig *scheinen*?‹ Zu dieser Frage giebt ein blosses Schweigen Recht? –«[53]

Mit diesem Brief ist die Freundschaft für zweieinhalb Jahre unterbrochen, bis sie Esther Gad im Sommer 1800 wieder anzuknüpfen versucht – mit einer gewissen Skepsis, wie folgendes Billett deutlich zeigt: »Liebster Richter, essen Sie doch morgen Mittag aufgewärmte Kohlrüben bey mir. Dies *aufgewärmt*, machte mich wehmüthig ohne daß ich wüßte warum, nun weiß ich's. Es erinnert mich an unsre Freundschaft – ach an Ihre – die ich wohl

50 Brief vom 16. 9. 1800, ebenda, S. 30f.
51 Brief vom 28. 10. 1797, ebenda, S. 21.
52 Brief vom 2. 12. 1797, ebenda, S. 25.
53 Brief vom 8. 12. 1797, ebenda, S. 26.

aufwärmen muß? –«[54] Ein paar Monate leben die Korrespondenten zusammen in Berlin, das Esther Gad ihrem schwierigen Freund zu öffnen versucht. Sie führt ihn in verschiedene Salons und Diskussionszirkel, darunter die »Mittwochsgesellschaft« ein, sie veranlaßt eine Aufführung von Schillers *Wallenstein* im Berliner Schauspielhaus, die Jean Paul gerne sehen wollte. Und wieder wird sie einige Male von ihm versetzt, wieder scheint Jean Pauls Werk ihrer Bewunderung würdiger als dessen Verfasser. Der letzte Brief Esther Gads an Jean Paul vom April 1801 deutet schließlich in mehrfacher Hinsicht einen Übergang vom Briefe- zum Bücherschreiben an: Das Ende der Korrespondenz mit Jean Paul scheint ihr ein anderes Schreiben, nun als Schriftstellerin zu ermöglichen, das dann auch den Weg in die Öffentlichkeit bietet.

Gleich nach dem Wiedersehen mit Jean Paul im Juni 1800 thematisiert Esther Gad diesen Aspekt in der Korrespondenz: Neben ihre oft sehr witzigen Reflexionen über das Verhältnis von Schriftsteller und liebender Leserin tritt der Versuch, nicht nur die Briefpartnerin Jean Pauls zu sein, sondern sich in der Korrespondenz selbst auch als Schriftstellerin zu präsentieren. Sie schickt ihm zwei ihrer Aufsätze, und im Herbst 1800 bittet sie ihn um Hilfe bei der Suche nach einer Publikationsmöglichkeit für ihren Roman *Die Geschwister*. Der erste Teil dieses auf zwei Bände konzipierten und wahrscheinlich nie vollendeten Buchs lag im Herbst und Winter verschiedenen Berliner Verlegern vor – allerdings vergebens. Mit diesem Buch konnte sich Esther Gad nicht als Autorin etablieren. Kurz danach verließ sie Preußen im Frühjahr 1801 und siedelte nach England über. In kürzester Zeit schrieb sie ein neues Buch, die *Briefe während meines Aufenthalts in England und Portugal*, das sie im März 1802 abschloß und das noch im selben Jahr erschien; bereits im folgenden Jahr lag der zweite Band vor.[55] Schon die Widmung signalisiert den Abschied von Deutschland und die Ankunft an einem Ort, der nun auch das Publizieren ermöglicht: »Ihro königlichen Hoheit der Herzogin von York gewidmet«, heißt es auf der ersten Seite. Als Autorin zeichnet für den ersten Teil des Buches »E. Bernard, geb. Gad«, der zweite Teil dagegen, die *Neue Reise durch England und Por-*

54 Brief vom 2. 11. 1800, ebenda, S. 34.
55 E. Bernard geb. Gad, *Briefe während meines Aufenthalts in England und Portugal an einen Freund*, Hamburg 1802; Lucie Bernard geb. Gad, *Neue Reise durch England und Portugal. In Briefen an einen Freund*, II. Theil, Hamburg 1803.

tugal vom folgenden Jahr, wird von »Lucie Bernard geb. Gad« autorisiert.[56] Der erste Band beginnt noch in Deutschland und zwar mit einem Brief aus Cuxhaven, von wo aus sie nach England reiste. In seiner epischen Breite ebenso wie im Fundus der Geschichten, die erzählt werden, ist dieser Brief eine Variante des Abschiedsbriefs an Jean Paul vom Frühjahr 1801. Er ist wie alle im Buch gesammelten Briefe an einen Freund in Deutschland gerichtet – an Jean Paul womöglich? Wird Jean Paul, der in der Korrespondenz selten oder nie antwortete, nun in einen ideellen Adressaten transformiert, dem Esther Gad gerade deshalb so viel und so ausführlich schreiben kann, weil er nicht antwortet und auf diese Art von »Brief im Buch« auch nicht antworten kann? In gewisser Weise wird die Konstellation von Schriftsteller und liebender Leserin nun verkehrt – mit einem entscheidenden Unterschied allerdings: Jean Paul, der nun zum Leser eines autorisierten Werks konstituiert werden soll, reagiert auf die Lektüre nicht so, wie Esther Gad es getan hatte. Er liebt sie nicht, da er sie nun gelesen hat; der »geliebteste Schriftsteller« wendet sich nach der Lektüre nicht an eine »geliebteste Schriftstellerin«. Sein letzter und nur als Konzept erhaltener Brief an Esther Gad vom 3. März 1804 spricht von seinem eigenen Werk – vom *Titan* – und von seiner Tochter. Soll das heißen, daß er nun auch für die weibliche Genealogie zuständig ist, in die Esther Gad gerade mit ihrem weiblichen Autornamen eintreten wollte? Und was bedeutet die rätselhafte Andeutung: »Das Deutsche als Mutter=, das Englische als Ehesprache«?[57] Wer soll mit wem und in welcher Sprache reden?

Wie eine Antwort auf diese komplizierte Nicht-Antwort Jean Pauls, ist Esther Gads nächstes Buch strukturiert. Sie veröffentlichte ihre Auseinandersetzung mit Germaine de Staëls Buch *De l'Allemagne* anonym, dafür »mit einer Zueignungsschrift an den Herrn Jean Paul Richter«, dem sie ohne »vorhergehende Erlaubniß, diese Blätter gewidmet« hat: »Ihnen, verehrter Freund, dem ich so manche schöne Stunde meines Lebens verdanke, widme ich dies kleine Werk. Sagte ich Stunden? Es waren gewöhnliche Tage, die jedes Ihrer Werke mir verschönerte; denn selten konnte ich

56 Die mir zugänglichen Exemplare aus dem Iberoamerikanischen Institut Berlin, Signatur »Port cd 306«, trugen auf dem Rückensignet eine weitere Namensvariante: L. Gad.

57 Brief vom 3. 4. 1804, in: Barbara Hahn, *»Geliebtester Schriftsteller«*, S. 42.

mich von einem derselben losreissen, bis ich es wenigstens Einmal durchgelesen hatte.«[58]

Warum sie dieses Buch ohne Autornamen publiziert, erklärt Esther Gad in ihrer Vorrede; sie erklärt dort Jean Paul, an den sich dieser Text wendet: »Auch ist es mir bei dieser kleinen Schrift gelungen, meinen Nahmen und mein Geschlecht zu verhehlen. Mich dünkt, das Urtheil der Leser ist unbefangener, und folglich unpartheischer, wenn ihnen beide unbekannt sind. Man hat mir die Ehre erzeigt, sie für das Werk eines Mannes zu halten.

Dieser Irrthum ist zwar schmeichelhaft für mich, aber unendlich erfreulicher würde es mir seyn, zu vernehmen, daß Sie diese Blätter mit Güte aufgenommen, und mit der Nachsicht beurtheilt haben, auf die eine Frau bei vorzüglichen Männern fast immer rechnen kann. In dieser schönen Hoffnung unterschreibe ich mich achtungsvoll Ihre unveränderliche Freundin – eine deutsche Frau.«[59]

Ob Jean Paul mit »Nachsicht« oder weniger nachsichtig auf dieses Buch reagierte, läßt sich nicht klären, da kein Antwortbrief von ihm überliefert ist. Die Hypothese ist allerdings naheliegend, daß neben der Vorrede mit ihrer Reflexion über männliche und weibliche Autorschaft auch die Passagen im Buch keine Antwort zuließen, in denen sich Esther Gad mit Jean Pauls Schreibweise auseinandersetzt. Während sich ihre Briefe an Jean Paul auf Bewunderung bzw. auf die Beschreibung der Effekte des Lesens auf die Leserin beschränken, werden Jean Pauls Arbeiten in diesem Buch in den Kontext zeitgenössischen Schreibens gestellt. Keine liebende Leserin wendet sich an ihren »geliebtesten Schriftsteller«, sondern eine Autorin beurteilt die Werke eines Autors – von gleich zu gleich. Aus dieser neuen Sicht wird Jean Paul zum Beispiel für »Witz und Lebhaftigkeit«; in diesen beiden Eigenheiten »weicht er keinem Schriftsteller neuerer Zeiten«.[60] Seine Werke werden vergleich-, und damit relativierbar, bis hin zur Kritik: »Jean Paul Richter besitzt ein starkes Gedächtniß, unerschöpflichen Witz, und eine Polymathie, wodurch zuweilen seine Werke mit schönen

58 *Kritische Auseinandersetzung mehrerer Stellen in dem Buche der Frau von Stael über Deutschland. Mit einer Zueignungsschrift an den Herrn Jean Paul Richter.* Aus dem Englischen übersetzt von der Verfasserin des Originals. Hannover 1814.

59 Ebenda, S. IXf.

60 Ebenda, S. 46.

Stellen überfüllt werden mögen. Und doch streicht er vielleicht beim Verfassen seiner Bücher so viele schöne Gedanken aus, als er niederschreibt.«[61]

Nachdem auch diese neue Art, an Jean Paul zu schreiben, ohne Antwort blieb und keinen Austausch initiierte, belebt sich eine andere Korrespondenz neu, die einige Jahre vor der mit Jean Paul begonnen hatte und nun wieder aufgenommen wird: der Briefwechsel mit Rahel Levin Varnhagen. Am 9. Februar 1816 schreibt Esther Gad an die mittlerweile als preußische Diplomatengattin in Karlsruhe lebende Rahel Varnhagen: »Haben Sie meine Kritische Analyse der Staelschen Schrift über Deutschland gelesen? [...] Ihr Urtheil wäre mir sehr willkommen. Ewig Ihre L. E. Domeier geborene Gad.« Rahels verzögerte Antwort ist eine Aufforderung zum Bücherschreiben: Nicht nur sieben Wochen solle Esther Gad bei ihrer für den Sommer 1821 geplanten Reise Deutschland besuchen, vielmehr solle sie so lange bleiben, bis sie »Lord Byron und Walter Scott bessere Nachrichten von uns« mitnehmen könne. Als »deutsche Stael« solle sie kommen, »denn ich sehe ja Ihr Werk über Deutschland schon!« Sich selbst sieht Rahel demgegenüber als Leserin auch der Werke, die ihre Freunde schreiben: »Was sagen Sie dazu daß ich mich zum Publikum schlage? da *alles* sich adelt? daß ich fest Volk bleibe; immer nur Leser, und nie schreibe? An Verstand fehlt es mir nicht: aber der sieht ein, daß ich kein Tallent haben, wofür ihn doch alle meine Freunde in Ehren halten sollten: denn die armen Leute sind es doch, denen man die manuscripte vorliest: Gedruktes warnt vor sich selbst.«[62]

Tatsächlich aber hat auch Rahel Levin Varnhagen für den Druck geschrieben und seit 1812 an verschiedenen Orten publiziert – allerdings ohne ihren Namen preiszugeben. Offenbar geht es wesentlich um diesen Unterschied: Ein Werk verfassen und damit Autor werden oder an eine bestimmte Person schreiben, die auf die an sie gerichteten Texte antworten wird – in einer Korrespondenz. Rahel Levin Varnhagen schlägt das Werk aus und entwickelt statt dessen eine andere Art des Schreibens und des Überlieferns. Zusammen mit ihrem Mann begründet sie die »Sammlung Varnhagen«, ein Archiv für das, was sonst übergangen und vergessen wird. Und hier ist auch Platz für die Briefe Esther Gads, diesen

61 Ebenda, S. 143.

62 Brief vom 9. 4. 1821 nach an der Handschrift revidierten Fassung, gedruckt in: Rahel Varnhagen, *Gesammelte Werke*, Bd. III, S. 37.

»*vielgewanderten* weiblichen Ulisses«[63], wie sie selbst sich nennt. Hier finden sich Hinweise auf eine andere Dimension ihres Schreibens, die im Briefwechsel mit Jean Paul keinen Platz gefunden hat. In Karl August Varnhagens Notiz zu ihren Briefen heißt es:

»Lucie Domeier geb. Esther Gad

Zu Breslau geboren, früh zur Bildung und zu freierem Leben aus dem engen Judentum aufstrebend. Sie heirathete einen Kaufmann Bernard, von dem sie zwei Söhne bekam. Später heirathete sie den großbritannischen Leibarzt Domeier, begleitete ihn nach Malta, Lissabon, schrieb ein Reisebuch, und lebte dann in England, wo ihr Gatte 1816 starb. Sie machte noch mehrere Reisen, schrieb deutsch gegen Frau von Stael, englisch über Paris. In London lebte sie in angesehenem Umgang, und war ganz Engländerin geworden.

Ihrem jüngsten Sohn, einem Domeier, hatte sie streng verheimlicht, daß sie jüdischer Abkunft sei, er hegte den größten Judenhaß, und sie zitterte bei dem Gedanken, er könne es einmal zufällig erfahren, daß er der Sohn einer Jüdin sei. Sie meinte, er würde sie dann verachten, hassen, ja sich selber ein Leid anthun!«[64]

Im Rückblick auf die Korrespondenz mit Jean Paul ist Karl August Varnhagens[65] Bemerkung über Esther Gads Verhältnis zum Judentum erstaunlich, denn hier hatte sie ihr Judentum nicht versteckt. Mit einer gewissen Selbstverständlichkeit rekurrierte sie darauf, daß sei einem spezifischen kulturellen Kontext entstammt. Einmal zitiert sie ein hebräisches Sprichwort, in ei-

63 Esther Gad an Rahel, London den 9. 2. 1816: »Auch fürchte ich mich in mancher Rücksicht, vor einer Rückkehr nach Deutschland. Ich bin ohnehin ein *vielgewanderter* weiblicher Ulisses.« Mappe Esther Domeier, Kasten 53, Sammlung Varnhagen, Biblioteka Jagiellońska, Krakau.

64 Notiz von Karl August Varnhagen, ebenda.

65 Varnhagen kannte Esther Gad persönlich; er hatte sie während deren Deutschland-Reise 1822 kennengelernt, wie aus einem Brief Esthers Gads an Rahel vom 4. 3. 1823 hervorgeht, wo es heißt: »Unendlich danke ich Ihnen und Ihrem geistreichen Gatten, für die vielen angenehmen Stunden die Sie beide mir und meinem August machten. Ihr sichtbares, oder fühlbares, Bestreben mir sogar die unbedeutenden Genüsse des Gaumens angenehm zu machen, liegt mir immer im Gedächtniß, das durch mein Herz am wirksamsten verjüngt wird. Ich danke Ihnen Beiden.« Ebenda. Nach Rahels Tod korrespondierte Varnhagen mit Esther Gad und bat sie um die Rückgabe von Rahels Briefe. Dies geht aus dem bereits genannten Brief Esther Gads vom 10. Oktober 1833 hervor, in welchem sie ihm mitteilt, daß sie keine Briefe Rahels mehr habe, inzwischen erblindet sei und sich nicht mehr für die Welt interessiere.

nem anderen Brief berichtet sie ihm, daß »die Juden ein Gastmahl anstellten, wenn sie ein wichtiges Werk beendigt hatten; sie nannten es, oder nennen es noch: einen *Ziem*. Wußten Sie das nicht geliebtester Schriftsteller?«[66] Von Verschweigen kann also keine Rede sein. Allerdings bleibt diese Ebene durchweg ohne Antwort – schriftlich war zwischen Schriftsteller und Leserin nicht zu erörtern, was es bedeutete, eine Jüdin zu sein. Daß Jean Paul dies als Ausgrenzung durchaus mitgelesen hat, erhellt aus seinem Brief an Christian Otto, wo er Esther Gad die »Rabinin« nennt, die »aus Breslau zankt«.[67] Im Briefwechsel mit Rahel Levin Varnhagen dagegen wird das Jüdinsein erörtert, und zwar nicht als Mechanismus der Ausgrenzung, dem sie beide unterworfen sind, sondern als hohe Qualität, die sie jemand zu- oder absprechen. Über Caroline Mayer, Jean Pauls spätere Frau, schreibt Esther Gad an Rahel Levin Varnhagen: »Seine Braut gefällt mir ausserordentlich; sie ist die klügste Christin, die ich je kennen lernte. Wenn die unter uns gelebt hätte, ich weiß nicht, was nicht alles aus ihr geworden wäre.«[68] Was also könnte Varnhagens Aussage bedeuten, daß Esther Gad ihr Judentum verschwieg? Einen Hinweis bietet der Kontext der Aussage: Varnhagen sprach in seiner Notiz von Esther Gads drei Söhnen. In Wirklichkeit hatte sie aber nur zwei Söhne und eine Tochter Jeanette. Im Blick auf die Briefe an Jean Paul ebenso wie die an Rahel bekommt diese Verwechslung einen Sinn: Der ältere Sohn Jonas spielt in beiden Korrespondenzen eine große Rolle; die Tochter Jeanette wird namentlich nur ein einziges Mal erwähnt, und zwar im letzten überlieferten Brief an Jean Paul. Auch vom später in England geborenen Sohn August wird in Briefen an Rahel öfter und ausführlich berichtet. Die Tochter dagegen wird in einem Brief zwar skizziert, ihr Name wird aber nicht genannt: »Meine Tochter hat ein grosses musikalisches Talent, aber dies schließt, fast immer, eine tiefe Denkkraft aus. Die meisten Menschen halten sie jedoch für ein gescheutes Mädchen. Sie plaudert in mehrern Sprachen, und sieht auch recht wohl aus, aber sie hat nichts reitzendes, und ein gewisses individuelles *etwas* in ihr zer-

66 Brief vom 12. 6. 1800, ebenda, S. 29.

67 Brief vom 19. 12. 97, Jean Pauls *Sämtliche Werke*, historisch-kritische Ausgabe, hrsg. von Eduard Berend, Bd. III/3, Berlin 1958, S. 25.

68 Brief vom 7. 2. 1801, Mappe Esther Domeier, Kasten 53, Sammlung Varnhagen, Krakau.

stört sogar die Wirkung des Reitzes, welcher der Jugend im allgemeinen eigen ist.«[69]

Der Namenslosigkeit der Tochter korrespondieren die Schwierigkeiten, die Esther Gad mit ihrem eigenen Namen, ihrem »Eigennamen« hat. Im Briefwechsel mit Jean Paul nennt sie sich entweder »Bernard geborene Gad« oder sie gibt das Kürzel »E.« für ihren Vornamen an. Im Briefwechsel mit Rahel unterschreibt sie häufig nur mit »Bernard«, nennt sonst das bekannte Kürzel »E.«, und nur einmal unterschreibt sie mit »Lucie Domeier«.[70] »Esther« – ein nicht nennbarer Name, ein Name, mit dem kein Text unterzeichnet werden kann. »Rahel« – ein Name, an den sich kein Brief Esthers Gads adressiert – der Vorname fällt in keinem ihre Briefe. »Ihre Friederike Varnhagen v. Ense. Künftig R.«[71] – so unterzeichnet die Adressatin den einzigen überlieferten Brief. Eine Tradierung, die gerade in den beiden verschwiegenen Vornamen so deutlich »jüdische« Geschichte transportiert, mußte mit dem Eintritt in die christlich-deutsche Kultur aufgegeben werden. Der ersten Generation von Jüdinnen, die diesen Übergang versuchte, war eine weibliche Filiation verwehrt. Nicht einmal in der familialen Tradierung etabliert sich eine weibliche Überlieferung – als ob der Neubeginn dieser Generation von Frauen auch ein Ende signalisieren würde, das Ende einer Tradition. Als ob der Übergang zu einem Namen, der eine weibliche Überlieferungskette durchschneidet, eine weibliche Tradierung überhaupt beendet: Viele Freundinnen von Esther Gad und Rahel Levin Varnhagen hatten keine Kinder (Rahel selbst, Mariane von Eybenberg und Sophie von Grotthuß, Henriette Herz, Rebekka Friedländer und Wilhelmine von Boye), und wenn sie Kinder hatten, dann waren es Söhne (Dorothea Schlegel und Friedrike Liman).

Nur eine wurde unter ihrem jüdischen Vornamen überliefert: Rahel selbst. *Rahel. Ein Buch des Andenkens für ihre Freunde* ist

69 Brief vom 9. 2. 1816, ebenda. In diesem Brief ist auch von den Söhnen die Rede: »Johann Robert Bernard« ist der »geliebte Sohn«, August ist »alles was ein Kind der Liebe gewöhnlich zu sein pflegt«. Im Zusammenhang mit Jeanette wird nicht von Liebe gesprochen.

70 Brief vom 25. 8. 1826, ebenda.

71 In einem Brief an einen Jugendfreund erklärt Rahel dieses Kürzel folgendermaßen: »(Rahel, damit Sie mich kennen;) Friederike Varnhagen. Meine Namen sind: Rahel, Antonie, Friederike; mit dem letzten unterschreibe ich alles Offizielle. Der Zug R bleibt mein Wappen.« Brief vom 24. 4. 1824 an Carl Gustav von Brinckmann, in: Rahel Varnhagen, *Gesammelte Werke*, Bd. III, S. 158.

das Buch überschrieben, in welchem ein Schreiben ohne etablierte Autorschaft praktiziert wird. Ein Buch, in welchem die Frauen dieser Generation überliefert werden konnten, zumindest als Adressatin. »Geliebteste« – so wird sie von den Freundinnen angeredet – ohne weiteren Zusatz.

Vater Goethe oder Gott Vater
Vom Namen einer Epoche

Von weit her, von der Musik und ihren Hörern, könnte man beginnen. Mit Friedrich Nietzsches *Der Fall Wagner. Turiner Brief vom Mai 1888* zum Beispiel. Einem rhythmisierten Text, voller Gedankenstriche und Pausen, voller Unterstreichungen, Frage- und Ausrufezeichen. Ein Text, der entziffert werden will, Buchstabe für Buchstabe, Zeichen für Zeichen. Ein gestischer Text, ein Labyrinth aus mehrdeutigen Aussagen und widersprüchlichen Sätzen. »Man kennt das Schicksal Goethes im moralinsauren altjungfernhaften Deutschland«, heißt es unvermittelt, »er war den Deutschen immer anstössig, er hat ehrliche Bewunderer nur unter Jüdinnen gehabt.«[1]

Warum Jüdinnen und nicht Juden, wissen wir doch, daß die Lektüre von Goethes Texten gerade für deutsche Juden eine enorme Rolle gespielt hat?[2] Warum Jüdinnen und nicht Frauen, wissen wir doch, daß Goethe von einer Unzahl ihn verehrender Leserinnen umgeben war, von denen die wenigsten jüdisch waren? Warum Jüdinnen als Kontrast zu »den Deutschen« – es waren doch deutsche Jüdinnen, die ihn lasen – oder sollte man besser sagen: jüdische Deutsche?

Es geht um ein Netz von Unterschieden, die in Nietzsches Text hin- und hergewendet werden. Die Bewunderung, die »Jüdinnen« für Goethe hegten, tritt in Kontrast zu »Anbetung«, die im Unterschied zur Bewunderung lähmend wirke: »Die Gefahr der Künstler, der Genie's – und das sind ja die ›ewigen Juden‹ – liegt im Weibe: die *anbetenden* Weiber sind ihr Verderb. Fast Keiner hat

1 Friedrich Nietzsche, *Der Fall Wagner*, in: Friedrich Nietzsche, *Werke. Kritische Gesamtausgabe*, hrsg. von Giorgio Colli und Mazzino Montinari, Berlin 1967ff., Bd. VI/3, S. 12. Für den Hinweis auf diese Passage danke ich Marianne Schuller.

2 Vgl. dazu zuletzt Wilfried Barner, *Jüdische Goethe-Verehrung vor 1933*, in: *Juden in der deutschen Literatur*, hrsg. von Stéphane Moses und Albrecht Schöne, Frankfurt am Main 1986, S. 127-151; und zur umgekehrten Perspektive: Norbert Oellers, *Goethe und Schiller in ihrem Verhältnis zum Judentum*, in: *Conditio Judaica. Judentum, Antisemitismus und deutschsprachige Literatur vom 18. Jahrhundert bis zum Ersten Weltkrieg*, 1. Teil, hrsg. von Hans Otto Horch und Horst Denkler, Tübingen 1988, S.108-130.

Charakter genug, um nicht verdorben – ›erlöst‹ zu werden, wenn er sich als Gott behandelt fühlt: – er *condescendiert* alsbald zum Weibe.«[3] Goethe hat nach Nietzsche diese Bindung ausgeschlagen. Auch wenn er wie ein Gott verehrt wurde, verwandelte er sich doch nicht in ein Weib. Er blieb ein Mann, um es in dieser Terminologie zu sagen. Mehr noch: indem ihn die Anbetung der Weiber nicht in das Terrain des Weiblichen zog, wurde in der Lektüre seiner Texte eine Trennung von Weiblichem und Männlichem möglich und damit auch eine Trennung davon, wie Weibliches und Männliches um 1800 definiert wurde. Voraussetzung dieser Trennung war, daß auf der Seite der »Weiber« noch etwas anderes lokalisiert wurde, das Nietzsche »Jüdinnen« nennt. »Jüdinnen« – diese Bezeichnung durchkreuzt in Nietzsches Text polare Konstellationen: Die Männerwelt der Produktivität, die Welt der Künstler und Genies, der »ewigen Juden«, zu denen auch Goethe gehört, ist nicht völlig von der Welt der Rezeption, der Welt der Weiber zu trennen. Denn neben den Frauen, die die Künstler durch ihre parasitäte Liebe binden und lähmen, gibt es auch andere, »Jüdinnen«, die diese Bindung ausschlagen, weil sie auch teilhaben an der anderen Seite. Wenn sich Judesein und Weibsein berühren, wird Goethe in dieser Berührung anders lesbar, als ihn sowohl »die Weiber« als auch »die Deutschen« lasen.

Schon in der Adressierung dieses Textes ist eine Fremdheit gegenüber »den Deutschen« mitgeschrieben. Nietzsche schrieb den *Fall Wagner* als »Turiner Brief« nach Deutschland; er schrieb ihn von außerhalb nach Innen, hinein in ein Land, in welchem der Kunst im ausgehenden 19. Jahrhundert eine gefährliche Position zugewiesen war. Richard Wagners Opern seien Opern der Erlösung, schreibt Nietzsche, und damit Repräsentanten einer Kultur von Bindungen, in denen Schweifendes und Unstetes durch starre Ordnung überwunden werde: »Irgendwer will bei Wagner immer erlöst sein: bald ein Männlein, bald ein Fräulein.« Dieses Suchen nach Erlösung, nach Bindung, lähme die Kunst. Goethe dagegen bedeutet Aufruhr, in Goethes Texten ist etwas geschrieben, das am Ende des 19. Jahrhunderts noch immer zu lesen ist: »Was warfen sie [die Deutschen] Goethen vor? Den ›Berg der Venus‹ und dass er venetianische Epigramme gedichtet habe.«[4] Goethe ist anstößig und fremd, weil er von einer Liebe schreibt, die nach Nietzsche

3 Nietzsche, *Der Fall Wagner*, S. 12.
4 Ebenda.

»in ihren Mitteln der Krieg, in ihrem Grunde der *Todhass* der Geschlechter ist!«[5]. Eine Liebe ohne jene Domestizierung, die Nietzsche als »feinen Parasitismus, ein Sich-Einnisten in eine fremde Seele, mitunter selbst in ein fremdes Fleisch – ach! wie sehr immer auf ›des Wirthes‹ Unkosten! – –«[6] bezeichnet. Diesen Unterschied konnten offenbar die am besten lesen, die selbst unterschieden waren. Die Liebe nicht in Anbetung und Parasitismus transferierten und Fremdes nicht auf Gleiches reduzierten. Die deshalb nicht nur einen Unterschied zu den »Weibern«, sondern auch zu »den Deutschen« markierten: »Goethe stand über den Deutschen in jeder Beziehung und steht es auch jetzt noch: er wird ihnen nie angehören. Wie könnte auch je ein Volk der Goethischen *Geistigkeit in Wohl-Sein und Wohl-Wollen* gewachsen sein! Wie Beethoven über die Deutschen weg Musik machte, wie Schopenhauer über die Deutschen weg philosophierte, so dichtete Goethe seinen Tasso, seine Iphigenie über die Deutschen weg. Ihm folgte eine *sehr kleine* Schar Höchstgebildeter, durch Alterthum, Leben und Reisen Erzogener, über deutsches Wesen hinaus Gewachsener: – er selbst wollte es nicht anders.«[7]

Diese »sehr kleine Schar« ist in sich nicht homogen. Es ist die Rede von »Jüdinnen«, einem plurale tantum ohne Einschränkung, wie sie beispielsweise das Nennen von Namen bedeutet hätte. In dieser Pluralität sind unterschiedlichste Lektüren Goethes möglich, deren Gemeinsamkeit darin besteht, daß sie sich nicht auf »Anbetung« reduzieren lassen.

Nennt man nun Namen und liest Texte von Henriette Herz, Rahel Levin Varnhagen, Friederike Liman, Sara und Mariane Meyer sowie Dorothea Schlegel – von »Jüdinnen« also, die Nietzsche gemeint haben könnte –, dann zeigt sich tatsächlich ein komplexes Spektrum von Lese- und Schreibweisen. Für beides – für neue Lese- ebenso wie für neue Schreibweisen – stehen Goethes Texte im Mittelpunkt. Als Repräsentant einer neuen Ordnung des Lesens und des Schreibens bildet »Goethe« gerade in dieser Funktion einen Gegenpol zu den »Müttern«, die – wie wir sehen werden – das Judentum repräsentieren. Jüdinnen und nicht *Die Jüdin* gibt es offenbar als Resultat eines Abschieds von der

5 Ebenda, S. 9.

6 Ebenda, S. 12.

7 Friedrich Nietzsche, *Menschliches. Allzumenschliches II*, in: Friedrich Nietzsche, *Werke. Kritische Gesamtausgabe*, Bd. IV/3, S. 84f.

alten Ordnung der Mütter, die nicht über Schreiben und Publizieren tradiert wurde, sondern über Töchter, die weder lasen noch schrieben, sondern selbst wieder zu Müttern wurden und so die Kette der Tradierung knüpften.

Rahel Levin Varnhagens Goetheverehrung ist beinahe sprichwörtlich.[8] Eher beiläufig äußerten sich Dorothea Schlegel und Henriette Herz, wie wir sehen werden. Umfangreiche, aber nur zu einem kleinen Teil gedruckte Briefwechsel mit Goethe unterhielten die Schwestern Mariane und Sara Meyer, die später Mariane von Eybenberg bzw. Sophie von Grotthus hießen. Ein Brief Friederike Limans über Goethe wurde bereits 1821 gedruckt.[9]

In den Texten dieser Frauen zeigen sich mehrere Schreibstrategien, denen ebenso unterschiedliche Überlieferungsformen der Texte entsprechen: Die einen schreiben *wie* Goethe, ihre Bücher finden sich daher in Bibliotheken; die nächsten schreiben *über* Goethe, und zwar sowohl innerhalb des Freundeskreises als auch für die literarische Öffentlichkeit, an die sie sich meist anonym in Rezensionen, kleinen Essays und gedruckten Briefen wenden. Diese Texte hat Rahel Levin Varnhagen initiiert, gesammelt und zu einem kleinen Teil auch zum Druck gegeben; sie finden sich deshalb in der Sammlung Varnhagen. Die dritten schreiben *an* Goethe, ihre Korrespondenzen liegen in Goethes Nachlaß im Goethe-Schiller-Archiv in Weimar.

Vor allem zwei Bücher Goethes standen für alle genannten Autorinnen im Mittelpunkt ihres eigenen Schreibens: *Wilhelm Meisters Lehrjahre* sowie *Dichtung und Wahrheit*, zwei Bücher also, die die privilegierten Genres einer bürgerlichen Subjektivität – Bildungsroman und Autobiographie – gleichzeitig kreierten und zu ihrem ersten Höhepunkt führten. Henriette Herz schrieb ein

8 Sie wurde bereits mehrfach untersucht. Vgl. Charlotte Albarus, *Rahel Varnhagens Goethe-Erlebnis*, Jena 1930, und Käte Hamburger, *Rahel und Goethe*, in: *Rahel-Bibliothek. Rahel Varnhagen. Gesammelte Werke*, hrsg. von Konrad Feilchenfeldt, Uwe Schweikert und Rahel E. Steiner, Müchen 1983, Bd. X, S. 179-204.

9 Vgl. *Ueber »Wilhelm Meisters Wanderjahre«, mitgeteilt von K. A. Varnhagen von Ense*, in: *Der Gesellschafter oder Blätter für Geist und Herz*, 133stes Blatt (20. August) 1821. Die Nr. 3 stammt von Friederike Liman, wie aus einem Zettel in einer Mappe »Goethe. Persönliches« im Kasten 71 der Sammlung Varnhagen in Krakau hervorgeht. Dort heißt es: »Dankworte einer Gebeugtkranken. Von Madame Liman, welche eben damals durch den Tod ihres in Aegypten gestorbenen Sohnes, des Architekten Liman, alle ihre Lebenshoffnung zerstört sehen mußte.« Vgl. dazu auch meine Studie: *»Antworten Sie mir!« Rahel Levin Varnhagens Briefwechsel*, Basel und Frankfurt am Main 1990, S. 23f.

autobiographisches Fragment und Dorothea Schlegel einen unvollendeten Bildungsroman, den *Florentin*. Beide Texte sind Umschriften von Goethes Büchern, und beide sind von einem ähnlichen Problem durchzogen. Indem die Autorinnen den Platz der liebenden Leserin verlassen und sich auf den eines Autors begeben, verletzen sie die Regeln der Genres Bildungsroman und Autobiographie gleich zweifach. Diesen Genres ist nicht nur das Geschlecht des Autors eingeschrieben, der als Auctor, als Schöpfer die Welt in seinen Büchern erzeugt und regiert. Nicht nur Mann und Frau prallen aufeinander, wenn eine Frau nun die weibliche Position des Lesens und Antwortens verläßt, um selbst zu schreiben. Ein männlicher Autor dirigiert auch die Zeit seines Textes, er setzt Anfang und Ende, seine Geschichten erzeugen Geschichte. »Als ich achtzehn war«, so heißt es in *Dichtung und Wahrheit*, »war Deutschland auch erst achtzehn.« Welche Zeit soll eine Autorin in ihrer Geschichte erzeugen, wenn sie als Frau keine, als Jude aber eine repräsentiert, die nicht achtzehn, sondern viele Jahrhunderte währt? In welcher Zeit lebt eine Jüdin, welche Geschichte hat sie zu erzählen? *Dichtung und Wahrheit* beginnt bekanntlich mit Goethes Geburt: »Am 28. August 1749, mittags mit dem Glockenschlage zwölf, kam ich in Frankfurt am Main auf die Welt.« Ort und Zeit sind gegeben. Die Geschichte kann beginnen. Wie beginnt Henriette Herz? Die gedruckte Version ihrer Autobiographie beginnt mit ihrem Vater und dessen Großvater, der von Portugal nach Deutschland gewandert war. Berlin, Henriettes Geburtsort, wird durch diese Einführung zur Etappe auf einem langen Weg. Sie selbst wird dort nicht als eine Person geboren, die sich wie Goethe einfach »ich« nennen könnte. Während Goethe seine Autobiographie bereits als Goethe, als bedeutender Autor, schreibt, hat ihr Ich keinen Namen. Im Autornamen Henriette Herz ist die Geschichte ihrer väterlichen Vorfahren, die de Lemos hießen, ebenso verloren wie eine weibliche jüdische Tradition. »Henriette« ist bereits ein an die deutsche Sprache und Kultur assimilierter Name, allerdings mit einen fremden Anklang an den französischen Henri und wahrscheinlich deshalb damals so beliebt. Auch der Nachname Herz, den sie von ihrem Ehemann Markus Herz bekam, kann ihr keine Geschichte geben. Markus Herz kommt aus Königsberg, aus dem Osten, und hat von dort nur seine individuelle Geschichte mit nach Berlin gebracht, die Geschichte eines Bruchs mit der Tradition seiner Familie, mit jüdischer Tradition. Markus Herz, der bei Kant studierte, ist allein. Ohne Vater und Großvater, ohne erzählbare Tradition. Wo also beginnt die Geschichte von Henriette Herz? Wie ein Blick in die Handschrift ihrer Autobiographie zeigt, hat sie den Anfang ihres Textes mehrfach verändert. Er begann zuerst mit ihrem Vater, dann wurde vor diesen Anfang ein weiterer Anfang gesetzt, der von dem schon genannten Urgroßvater erzählt.[10] Vor ihre Geburt hat sie also mehr und mehr Geschichte gehäuft. Und auf wenige Episoden aus ihrer Kindheit – meist Konflikte mit der Mutter – folgt gleich die Heirat. Noch schwerer als der Anfang war offenbar das Ende zu schreiben. Schon nach wenigen Seiten bricht der Text mitten im Wort ab. Den Rest hat Henriette Herz nicht geschrieben, sondern erzählt. Geschrieben hat ein junger Mann, Joseph Fürst, der die Autobiographie nach ihrem Tod publizierte, ohne zu markieren, was von ihr und was von ihm stammt.[11]

Goethe spielt in dieser Autobiographie eine ambivalente Rolle. Die »unendlichen Genüsse, welche der Dichter mir gewährte«[12], werden nicht präzisiert; für Lektüren bietet das Genre keinen Raum. Henriette Herz schreibt über Goethe in ihrer Autobiographie, als ob sie Geschichtsschreibung betreiben würde: »Das Erscheinen von Goethes ›Götz‹ und ›Werther‹ bezeichnete einen Wendepunkt in der schönen Literatur. Es ist begreiflich, daß ein solcher zugleich eine allgemeine literarische Parteiung zur Folge haben mußte. Sie fehlte selbst in unserer Ehe nicht. Mich, die junge, mit lebhafter Phantasie begabte Frau, zog alles zu der neu auftauchenden Sonne, zu Goethe hin. Mein Mann, älter, mit Lessing persönlich befreundet, in diesem nicht nur den größten Kritiker der Deutschen, sondern, im Widerspruch mit Lessings eigener Ansicht, einen großen Dichter achtend, wies selbst in der schönen Literatur alles zurück, was nicht mit Lessingscher Klarheit und Durchsichtigkeit geschrieben war.«[13]

Andere Lektüren Goethes sind aus ihrer Feder nicht überliefert – aus der Autobiographie gewinnt man den Eindruck, daß sie

10 Das Manuskript der Autobiographie liegt im Archiv der Akademie der Wissenschaften in Berlin.

11 Vgl. Joseph Fürst, *Henriette Herz. Ihr Leben und ihre Erinnerungen*, Berlin 1850. Heinrich Hahn publizierte 1896 das Originalmanuskript in: *Mitteilungen aus dem Literaturarchiv Berlin*, Band 1, S. 141-184.

12 *Henriette Herz in Erinnerungen, Briefen und Zeugnissen*, hrsg. von Rainer Schmitz, Leipzig und Weimar 1984, S. 128.

13 Ebenda, S. 28f.

Goethes Texte eher vorlas als sie selbst zu lesen.[14] Da Henriette Herz im Alter ein Großteil ihrer Korrespondenzen verbrannte, darunter auch die mit Dorothea Schlegel, wissen wir nicht, ob Goethe-Lektüren möglicherweise in Briefwechseln aufgeschrieben wurden.

Dorothea Schlegel entwirft in ihren Reflexionen über Goethes *Wilhelm Meister* und ihren *Florentin* ein enges Verhältnis von Autor und Werk, das sie als Problem der Darstellung und der Darstellbarkeit bezeichnet. In diesem Vergleich wird der *Florentin* zu einer Umschrift des *Wilhelm Meisters*, der sich in wesentlichen Punkten von diesem unterscheidet. In ihren Tagebuchaufzeichnungen heißt es: »Für mich ist ›der Meister‹ ein Buch, das ich verehre, studire, immer wieder und wieder lese, das mir nicht vom Tisch und nicht aus dem Gedächtnis kömmt, das aber meiner innersten Natur so grade entgegen ist, dass ich wohl sagen muss: Ich verstehe es nicht. G. selber macht mir denselben Eindruck wie ›der Meister‹.«[15] In ihrer Umschrift des *Meister* erzeugt sich Dorothea Schlegel einen Text, den sie versteht, weil er ihr nicht ähnlich ist. In der »Zueignung an den Herausgeber« schreibt sie: »Er [Florentin] ist wie in jeder Geschichte nur der Held und Regent, der dem Zeitraum, in dem er geboren ward, seinen Namen leiht, und der durch sich selbst nicht so wichtig ist, als was ein besonderes Zusammentreffen der Gestirne durch sein Leben veranlaßt. Und darum muß ich hier meine Klage und meine Reue wiederholen, daß diese Geschichte den Namen *Roman* erhielt! Denn muß der Held eines guten Romans nicht entweder den Dichter persönlich oder doch das Ideal desselben darstellen und wird man nicht nach beyden hier vergeblich suchen?«[16] Man wird aus mehreren Grün-

14 Vgl. ebenda, S. 48 und 52.

15 *»Aus Dorothea's Tagebuch«*, in: *Dorothea Schlegel und deren Söhne Johannes und Philipp Veit*, hrsg. von J. M. Raich, Mainz 1881, Bd. I, S. 96. Liliane Weissberg schreibt dazu: »Dieser letzte Schritt der Aneignung könnte tatsächlich jene Hierarchie gefährden, die zwischen Mann und Frau, Dichter und Mensch bestehen muß. Damit spricht Dorotheas Rezeption aber ebenso gegen Goethes totalitäre Macht. Wenn sie jegliches Verstehen seines Werkes durch ihre eigene innerste Natur ablehnen muß, so wird Goethe damit von einer Leserin verehrt, für die sein Buch nichts anderes sein kann als das Bild seiner Person.« Liliane Weissberg, *Schreiben als Selbstentwurf: Zu den Schriften Rahel Varnhagens und Dorothea Schlegels*, unveröffentlichtes Manuskript, S. 13.

16 Zitiert nach: Dorothea Schlegel, *Florentin. Roman, Fragmente, Varianten*, hrsg. von Liliane Weissberg, Frankfurt am Main und Berlin 1987, S. 160. Vgl. auch die Interpretation des Romans im Nachwort der Herausgeberin S. 228ff.

den vergeblich suchen: Da der Held des Romans männlich, dessen Dichter aber weiblich ist, werden beide nicht im Verhältnis einer Darstellung zueinander stehen können. Da Florentins Name ebenso wie der Dorotheas nur eine begrenzte Reichweite hat, wird keine Geschichte erzählt werden können, in der sich Autor und Held ähneln wie Goethe und sein Meister. Goethes Roman und Dorothea Schlegels Text, für den sie keine eindeutige Bezeichnung findet, unterscheiden sich in wesentlichen Merkmalen: Während Wilhelm Meister seinen festen Ort verläßt und sich auf seine Wanderung begibt, kommt Florentin von irgendwoher, er wandert immer schon. Während Wilhelm Meister seinen soliden Namen durch das ganze Buch trägt, weiß Florentin nicht, wer er ist, wer seine Eltern sind, wo er geboren wurde. Er hat nur einen Vornamen – wie eine Frau? Er hat eine Geschichte, die er nicht weiß, die er nicht erzählen kann, für die kein Genre paßt – wie ein Jude? Und während Goethe der unangefochtene Meister des *Wilhelm Meister* ist, hat der Florentin keinen Autor. Friedrich Schlegel gab ihn heraus, der Name der Verfasserin blieb verborgen. Wie auch sollte sie sich nennen? Ihre Eltern hatten sie Brendel genannt und einem Mann zur Frau gegeben, den sie bereits verlassen hatte, als sie zu schreiben begann. Sie selbst gab sich einen neuen Vornamen, der die namengebenden Instanzen von Vater und Ehemann überschreitet – Dorothea, Geschenk Gottes. Aber auch dieser geschenkte Name taugt nicht für einen Autor. Der richtige, der Eigenname ist unerreichbar. Als sie nach Taufe und Heirat schließlich Dorothea Schlegel hieß, schrieb sie nichts mehr für den Druck. Schlegel – dieser Name war bereits mehrfach besetzt. Auch in ihm entdeckt sie die Meister des Schreibens: In einem Brief an Friedrich Schleiermacher nennt sie ihren Schwager August Wilhelm Schlegel den »Meister Wilhelm«.[17]

In Briefen, die sich nicht an die literarische Öffentlichkeit wenden und deshalb keine Autorisierung erfordern, können dagegen Schreibweisen entwickelt werden, in denen eine Entkoppelung von Autorschaft und Namen möglich scheint. In Rahel Levin Varnhagens großem Nachlaß sind umfangreiche Korrespondenzen erhalten, in denen Brief an Brief anschließt, ohne Anrede, ohne Unterschrift und oft ohne Datum, ein großer kollektiver Text, den die zusammen schreiben, die in unserer Kultur keinen

17 Dorothea Veit an Friedrich Schleiermacher. Jena, den 6.1.1800, in: *Dorothea Schlegel und deren Söhne*, S. 25.

oder einen falschen Namen haben: Frauen und Juden. In diesen Briefen ist Goethe nicht der Autor literarischer Werke, der Auctor einer Welt, deren Regeln fremd, unverständlich und unerreichbar bleiben. Vielmehr wird er zu einer Art Medium bei der Erschaffung einer Welt, die ohne die Namenlosen nicht wäre. Goethe – das klingt wie Gott. »Friedrich, der Göttliche, ist diesen Morgen zu Vater Goethe oder Gott dem Vater nach Weimar gewandert«[18], schreibt Dorothea am 28. April 1800 an Rahel Levin. Was hier noch wie ein witziges Wortspiel gelesen werden könnte, bekommt in Blick auf die Gesamtheit der überlieferten Korrespondenzen ein anderes Gewicht. Die Verwandlungen von Goethe in Gott sind Legion, sie bilden den Tenor dieser Briefe. In einem Brief ohne Anrede und ohne Unterschrift schreibt Dorothea Schlegel am 18. November 1799 aus Jena an Rahel Levin in Berlin: »Und nun zuletzt: Ein heller Punkt in meinem Lebenslauf. Goethe habe ich gesehen! und nicht blos gesehen; er ist mit mir und den beiden Schlegel's wohl eine gute halbe Stunde spazieren gegangen; er hat mich mit einem auszeichnenden Blick gegrüsst, als mein Name genannt wurde, und sich freundlich und ungezwungen mit mir unterhalten. Er hat einen grossen und unauslöschlichen Eindruck auf mich gemacht; diesen Gott so sichtbar und in Menschengestalt neben mir, mit mir unmittelbar beschäftigt zu wissen, es war für mich ein grosser, ein ewig dauernder Moment!«[19]

Ein Gott aber schreibt nicht, auch nicht ein Gott in Menschengestalt. Wenn Goethe wie Gott ist, dann wird er nicht wie ein moderner Autor gelesen. Und tatsächlich entwirft Rahel Levin in ihren Briefen einen Goethe, der nicht aus sich schreibt, sondern der aufschreibt, was andere ihm gesagt haben. Diese andern sind Frauen. Über den *Wilhelm Meister* schreibt sie am 1. Juni 1795 an ihren Jugendfreund David Veit: »Wenn er [Goethe] auch alles erfunden hat, Aurelien auch, die Reden von ihr hat er einmal *gehört*, das weiß ich, das glaub' ich. Es sagt's ja die Prinzessin im Tasso auch; nur aus einem andern Ton. Wie groß ist *das*! Gehört hat er's aber. Die Frauen laß ich mir nicht abstreiten. Entweder, man denkt so etwas *als* Frau, oder man hört's von einer Frau. Zu erfinden ist *das* nicht. Alles andere nur Menschenmögliche gesteh' ich

18 Dorothea Veit an Rahel Levin. Jena, den 28. April 1800. Ebenda, S. 36. An Friedrich Schleiermacher schreibt Dorothea am selben Tag: »Friedrich ist diesen Morgen um fünf Uhr zu Vater Goethe nach Weimar gewallfahrtet.« Ebenda, S. 34.
19 Dorothea Veit an Rahel Levin. Jena, den 28. 11. 1799. Ebenda, S. 22f.

ihm zu. *Das* weiß ich aber als *ich*.«[20] Und an ihre wichtigste Freundin Pauline Wiesel ein paar Jahre später: »freilich sagt Göthe nur was wir wißen«.[21]

Nicht nur die Reden der Frauen hat Goethe aufgeschrieben, als ob er ein Medium wäre, das Mündliches in Schriftliches überträgt. Indem Goethe so gelesen wird, steht die Hierarchie von männlichem Autor und weiblicher Leserin auf dem Kopf. Denn Goethe, der Vermittler, scheint etwas aufzuschreiben, was an anderem Ort und in anderer Zeit bereits da war. Sein Buch wird mit einem anderen verglichen, dem Buch aller Bücher. Am 20. März 1808 schreibt Rahel Levin an Rebekka Friedländer: »Liebe freundin! Laßen Sie große Herzen für sich mitgelitten haben; entzünden solche Geister das Licht des Ihrigen früher! [...] *höhren* Sie auf Göthe – – – mit thränen schreibe ich den Nahmen dieses Vermittlers in Erinnerung meiner höchsten Noth – – – der es im Meister deutlich *sagt*: das die Jugend zu viel Kräfte zu haben glaubt, u. sie [aus] willkühr dem verlohrenen Guthe, wie nachwirfft. Er sagt es anders. Lesen Sie es nach Liebe tochter, wie man die biebel im Unglük liest.«[22]

Hat Goethe auch eine andere Geschichte aufgeschrieben bzw. umgeschrieben oder vermittelt, wie Rahel sagt? Wenn man sein Buch lesen kann wie die Bibel, *das* Kompendium jüdischer Geschichte, dann steht offenbar auch etwas von der Geschichte darin, die nicht von Autoren in ihren Werken entworfen wird, sondern von den Namenlosen, die eine andere Kette der Tradierung knüpfen. »Ja ich wäre ordentlich in dem Buch [im Wilhelm Meister] vorgekommen (wie sie sagen ...)«, schreibt Rahel Levin an David Veit.[23] Vorgekommen schon, aber nicht als identifizier-

20 Rahel Levin an David Veit. Berlin, den 1. 6. 1795, in: *Rahel Varnhagen. Gesammelte Werke*, Bd. I, S. 140. Einen ähnlichen Gedanken äußert sie später auch über den *Wilhelm Meister*, wenn sie ebenfalls an David Veit schreibt: »Friedrich aber, im letzten Theile, den hat er sprechen *hören*, das erfindet auch er nicht. Wie er denn überhaupt *oft* gehorcht haben muß: und das Vertrauen aller Arten von Menschen muß zu besitzen gewußt haben. *Neben* seinem einzigen Sehen.« Berlin, 23. 10. 1796. Ebenda, S. 168f.

21 Rahel Levin Varnhagen an Pauline Wiesel. Berlin, den 30. und 31. 12. 1808. Sammlung Varnhagen, Biblioteka Jagiellońska Krakow, Kasten 277.

22 Rahel Levin an Rebekka Friedländer. Berlin, den 20. 3. 1808, in: *Rahel Varnhagen. Briefe an eine Freundin*, hrsg. von Deborah Hertz, Köln 1986, S. 224f. Unter dem Datum »Sommer 1806« in: *Rahel Varnhagen. Gesammelte Werke*, Bd. I, S. 293.

23 Rahel Levin an David Veit. Berlin, den 1. 6. 1795. Ebenda, S. 140.

bare weibliche Figur. Rahel Levins Lesen produziert kein Wiedererkennen in einem vorgegebenen Text, das im Brief an den Autor zurückvermittelt werden könnte. Vielmehr bedient sie sich einer anderen Technik der Übertragung, um ihre Lektüre aufzuschreiben. Sie träumt und schreibt den Traum in ihr Tagebuch. In diesem Traum wird eine Schlüsselszene des *Wilhelm Meister* so weitgehend verschoben und verdichtet, daß Rahels Ich, von dem sie sagt, das es in diesem Buch stehe, allererst hervorgebracht wird. Sie selbst also schreibt sich dieses Ich, das Goethe wie unbewußt, wie souffliert von ihr, in sein Buch bereits eingeschlossen hat[24]: In einem Saal, der weitgehende Ähnlichkeit mit dem Saal der Vergangenheit im *Wilhelm Meister* hat, findet eine Art letztes Gericht der Kunst statt. Alle »je gemachten büsten und Statuen«, alle »möglichen Gemählde, u[nd] bilder; besonders die Portraite aller bildhauer u[nd] Mahler die es je gegeben hat u[nd] giebt«, sind in ihrem Traumsaal versammelt, und ebenso »die Mahler u[nd] bildhauer selbst aus allen Zeiten«. Rahel ist allein in dieser Männerwelt der Kunst, die sich kontinuierlich von der Antike bis in ihre Gegenwart spannt. Doch dann wird sie in einen kleinen Saal geschoben, in dem das Ideal der Kunst auf einem Podest in der Mitte steht. Es ist kein »Marmorbild eines würdigen Mannes«, wie in Goethes Saal der Vergangenheit, und es blickt auch nicht »mit stiller Aufmerksamkeit« auf eine Rolle, die es in der Hand hält, und auf der für alle zu lesen ist: Gedenke zu leben. Das Ideal in Rahels Traum ist ein junger Mann, »zimlich hübsch«, mit roten Backen, und lebendig, wie Rahel sofort entdeckt. »ich rufe aber, es ist ja ein Mensch, er lebt; er kann sich ja das Lachen nicht enthalten«. Sie geht auf ihn zu, klopft ihm auf die Schulter und: »wir fangen auf die fröhlichste Weise an zu walzen«.

Indem sich Rahel als dieses Ich in Goethes Buch hineinliest, hat sie die Ordnung des Buches umgestoßen. Sie selbst ist das Leben, weil nur sie es im Ideal der Kunst entdeckt. Sie selbst ist das Leben, vor jeder Darstellung, vor jeder Umformung in Überlieferbares. Lachen entsteht und vergeht mit dem Moment, der es hervorruft. Keine Aufzeichnung kann es festhalten. Tanzen, diese Kunst der Präsenz, kennt keine Trennung von Künstler und Kunstwerk. Im Tanz mit dem Ideal der Kunst wird alles eins, und eine Zeit be-

24 Der »Zweite Traum« aus Rahel Levin Varnhagens Traumtagebuch wird zitiert nach: *»Im Schlaf bin ich wacher«. Die Träume der Rahel Levin Varnhagen*, hrsg. von Barbara Hahn, Frankfurt am Main 1990, S. 16ff.

ginnt, von Rhythmus und Gelächter skandiert, die nicht in die Zeit der Geschichte transformierbar ist.[25]

Von hier aus wird verständlich, warum Goethes Name in diesem Traum vom Ideal der Kunst nicht fallen konnte. »Goethe« – ist ein Dichter. In Rahels Saal der Vergangenheit ist dagegen eine andere Dimension Goethes anwesend, die nicht im Namen des Dichters aufgeht. Sie integriert ihn in einen Traum von Bildhauern und Malern, in dessen zentraler Szene sie mit einem jungen Mann – dem Ideal der Kunst – tanzt. Dieser junge Mann korrespondiert dem Goethe »in der *ersten* Hälfte seines Lebens«, wie Nietzsche ihn in *Menschliches, Allzumenschliches* skizziert: »Die Natur habe aus ihm einen *bildenden* Künstler machen wollen – das war sein innerlich glühendes und versengendes Geheimniss, das ihn endlich nach Italien trieb, damit er sich in diesem Wahne noch recht austobe und ihm jedes Opfer bringe. [...] Allem seinem Dichten merkt man die anhauchende Nähe der Plastik und der Natur an [...]. Ohne die *Umschweife des Irrthums* wäre er nicht Goethe geworden: das heisst, der einzige deutsche Künstler der Schrift, der jetzt noch nicht veraltet ist, – weil er eben so wenig Schriftsteller als Deutscher von Beruf sein wollte.«[26]

Erst nach diesem Traum schreibt Rahel Levin einen anderen auf, den sie offenbar viel früher geträumt hat, einen Traum, der »mich immer sehr gefreut hat«, wie es zu Beginn heißt, »ich lieb' ihn noch«.[27] Und erst hier fällt Goethes Name, der im Traum über die Kunst ebenso verschwiegen worden war, wie der Titel des Buches, dessen Szene er umschrieb. Bei ihrem Vater, so erzählt der Traum, waren einige Herrn vom Heere, die der vorige König, also Friedrich Wilhelm II., gegen die »Soldaten der Republik« geführt hatte. Man spricht über den Krieg, »ich verstand von allem nicht viel; hörte aber den Herzog von Waimar nennen [...] da frug ich einen [...], ob Göthe beym Herzog sey, u was er mache. ›Goethe?‹ sagte der Herr, ›wer ist das?‹ Was? Sie kennen Goethe nicht antwortete ich; unsern ersten dichter. Goethe ist Ihr erster dichter; das wird wohl noch anders seyn, lächelte der Herr; das habe ich noch nicht

25 Vgl. dazu auch meinen Aufsatz *»Ein unverstandener Traum ist wie ein uneröffneter Brief«. Übertragen und Dechiffrieren*, in: ebenda, S. 59-76, hier S. 69ff.

26 Friedrich Nietzsche, *Menschliches, Allzumenschliches II*, S. 118f.

27 Im Tagebuch ist der Traum datiert: »den 1ten Dezember 1812«. Er wird zitiert nach: *»Im Schlaf bin ich wacher«. Die Träume der Rahel Levin Varnhagen*, S. 26.

gehohrt. Nach einer Pause, in welcher ich gar den Herrn nicht stellen, u keine Antwort, u keinen beweiß finden konnte; sagte ich: höhren Sie! Er *ist* der größte dichter; denn wenn Gott vom Himmel kommt, u sagt mir nein; so sag ich; nun, so versteh ich seine Welt nicht.«

Gleich zweimal beteuert die Schreiberin, daß sie etwas nicht verstehe: Weder die Erörterungen im Comptoir ihres Vaters über den Krieg gegen die Heere der neuen Ordnung in Frankreich noch Gottes Welt, wenn in dieser Goethe nicht der erste Dichter sein soll. Bevor das Wort »Goethe« im Traumprotokoll auftaucht, sind alle symbolischen Instanzen einer alten Ordnung bereits genannt: Könige mit ihren Heeren sind die Herren der Welt, in der auch Rahels Vater seinen Platz hat. Diese Koppelung von Vater und König hat durchaus einen realen Boden, denn Rahels Vater organisierte dem preußischen König die Finanzierung des Siebenjährigen Kriegs. Damals regierte allerdings ein anderer König in Preußen: Friedrich II., auch Friedrich der Große genannt, den Rahel so verehrte, daß sie sich ihren Taufnamen Friederike nach seinem Vorbild wählte – auch wenn ihr sicher bekannt war, daß dieser König keinerlei Literatur in deutscher Sprache und deshalb auch Goethe nicht akzeptierte. Den Namen Friedrich hatte sie so positiv besetzt, daß sie ihn im Traum verdrängte. Verschoben in eine namenlose Instanz, repräsentiert »der König« zusammen mit dem Vater das Alte und die Alten, die Rahel nicht versteht, auch weil sie im Traum in der Position eines Kindes ist. Sie ist »außerordentlich neugierig« auf »Goethes Herzog«, auf jemanden also, der Goethe als den Repräsentanten der neuen Ordnung kennt. Über diese läßt sich mit den Vertretern der alten Welt aber offenbar nicht disputieren; ohne Antwort und ohne Beweis steht Rahel dem Unwissen des »Herrn« gegenüber. Als sie endlich zu ihm spricht, beruft sie sich auf Gott, den sie sich vom Himmel holt. Sie erzeugt sich also »Gott« ebenso wie sie sich »Goethe« erzeugt. Gott spricht, wenn sie ihn auf ihrer Erde fragt, so wie Goethe erst dann zu Goethe wird, wenn sie seine Bücher in ihren Briefen und Aufzeichnungen umschreibt.

Der Gegenpol zur Triade aus Vater, Gott und Goethe, wie sie bereits Dorothea Schlegel konstituiert hatte, läßt sich in einem weiteren Traum lesen, den Rahel Levin an ihren zukünftigen Ehemann Karl August Varnhagen adressierte: Ihre Mutter und ein alter Mann, der offenbar Jude ist, sind in einer Traumszene anwesend, in der Rahel einen Brief Varnhagens erhält, von dem sie wünscht, daß er sie um ihre Hand bittet.[28] Die Mutter und der alte Jude repräsentieren dabei jene, die Rahel aus der Familie und dem Judentum entlassen, damit sie eine Ehe-Frau, die »Frau von Varnhagen« werden kann. Nicht mehr Tochter der Familie und des Judentums, sondern Teil der Ordnung, die sie sich im Traum von Goethe als dem größten Dichter erschrieben hatte.

In dieser neuen Ordnung wird anders gelesen und anders geschrieben als in den alten, die sich der Hierarchie von Autor und Leser, Mann und Frau, Genie und Anbetung oder auch Christ und Jude verdankt. Jetzt schreibt nicht mehr »Goethe«, der Klassiker dieser Konstellation, jetzt schreibt eine ganze Gruppe zusammen *über* Goethe. Dabei werden die Briefe, die vorher in Rahels Freundeskreis und Familie zirkulierten, so zum Druck arrangiert, daß eine Art kollektiver Autobiographie entsteht. Veränderte Daten und Orte, verschwiegene oder hinter Kürzeln verborgene Namen ermöglichen denen, sich eine Geschichte zu schreiben, die in den vorgegebenen Genres keine entwerfen können: Es schreiben Frauen, Juden, Namenlose.

Für die Publikation *Ueber Wilhelm Meisters Wanderjahre* fordern Rahel Levin und ihr Ehemann Karl August Varnhagen 1821 Freunde und Geschwister auf, »ganz unbefangen aus dir selbst [zu schreiben], und Dich ganz allein Raheln gegenüber zu denken, als wolltest Du nur eben ihr sagen, was Dir zu Sinn ist«[29], wie Varnhagen an einen Jugendfreund schreibt. Und alle schreiben tatsächlich in diesem »als ob«, sie schreiben ihren Goethe an Rahel, die die erhaltenen Lektürebriefe durch die Veröffentlichung in einer Zeitschrift gleichsam an Goethe zurückadressiert: »Berlin, den 13[t] Juny 1821 Meine liebe gute R:«, schreibt z. B. Friederike Liman[30]:

28 Traum von 5. 12. 1813, vgl. ebenda, S. 33 f.

29 Karl August Varnhagen an Wilhelm Neumann. Berlin, Juni 1821. Ungedruckt, zitiert nach Hahn, *»Antworten Sie mir!« Rahel Levin Varnhagens Briefwechsel*, S. 24.

30 Ich zitiere den Brief nach der Handschrift im Kasten 113 der Sammlung Varnhagen. Die gedruckte Fassung wurde redigiert und beginnt folgendermaßen: »Meine liebe, gute Trösterin!« Vgl. *Ueber »Wilhelm Meisters Wanderjahre«, mitgeteilt von K. A. Varnhagen von Ense*, in: *Der Gesellschafter oder Blätter für Geist und Herz*, 133stes Blatt (20. August) 1821. Bereits der erste erhaltene Brief von Friederike Liman an Rahel Levin vom 23. 7. 1794 handelt von Goethe: »Ich habe Deinen *himmlischen Brief* erhalten [...]. Du hast nicht unrecht wenn Du sagst daß *Göthe nun auch meine Göthe sein wird*; aber ich war es von ihm überzeugt; und meine

»Ich muß es Dir unendlich danken danken daß Du mich bey meinem Leiden mit dem aus dem Himmel gesandten neuen Werke Göthens wircklich waß man sagt ein wenig aufgerichtet hast. Es ist wircklich war, wenn man auf alles verzichten muß wie ich; und man hatt daß Glück daß einem ein solches Buch in die Hände kömt, so ist man wieder für eine weile getröstet und glaubt, und denckt sich alles wieder von neüem Erhebend und findet es nicht so schrecklich weiterleben zu müssen; wo einem noch so etwaß zukommen kann eine solche Gabe der Weißheit zu erleben.

Mann solte eigentlich glauben daß Göthen den Vorzug verdiente, für alle großen Schriftsteller die es je gegeben gar nicht zu sterben – den sein Geist bleibt ja schon ewig Jung, und seine Schriften wirken ja so wohlthätig daß es höchst nothwendig erscheint. Mich im einzelnen über dem Buche selbst auszulaßen ist bey meiner jetzigen Schwäche nicht recht möglich so viel weiß ich aber daß ich gar nicht glaube etwaß was man so nent gelesen zu haben, sondern ich glaubte in der Nähe G: versetz und dies alles im natürlichsten Tohn des Umgangs von ihm selbst nach und nach gehört zu haben.

deine L.«

Goethe fühlt sich in dieser kollektiven Autobiographie verstanden, die um seinen Bildungsroman herumgeschrieben wurde. Er fühlt sich bewundert, um es in Nietzsches Worten zu sagen. Denn diese Briefe, die ihm öffentlich zugesandt wurden, erheischen keine Antwort. Sie sind nicht an ihn, sondern an Rahel Levin gerichtet, sie wollen ihn nicht in eine Korrespondenz aus lähmender Vergötterung binden – und deshalb kann er antworten. Er bedankt sich bei Varnhagen über die Texte, die ihn »über mich selbst seit Jahren belehrten«.[31] Indem Goethe sich durch diese Veröffentlichungen selbst zu lesen lernt, ist Rahels Leben, wie sie schreibt, »an seine Adresse gelangt«. In einem Brief an ihren Bruder Ludwig Robert heißt es: »Heute nur ein Wort [...] Ich habe Friedrichs des Zweiten schwarzen Adlerorden; er bedeckt mein belohntes Herz. Er ist gemacht: aus allen Tränen, die ich weinte und verschluckte, aus allem was ich litt; liebte; lebte; genoß im

meinung von ihm war schon jeher so *volkommen* die ich mir machte; daß ich gar nicht zweifelte daß er auch dieser Gottheit huldigen mußte.« Sammlung Varnhagen, Kasten 113.

31 Johann Wolfgang Goethe, *Geneigte Theilname an den Wanderjahren*, zitiert nach: *Goethe-Jahrbuch* XIV (1893), hrsg. von Ludwig Geiger, 1893, S. 131.

Bösen und Guten. Mein Leben ist an seine Adresse gelangt. Daß dieser Mann erlebe von seinen Zeitgenossen, daß er vergöttert, anerkannt, studirt, begriffen, mit dem einsichtigsten Herzen geliebt würde, war der Gipfel all meiner Erdenwünsche und Kommission.«[32]

Wie aber schreiben jene, die sich allein an Goethe wenden, die mit ihm zusammen eine Korrespondenz entwickeln und eine direkte Antwort haben wollen? Von den Schwestern Sara und Mariane Meyer sind jeweils umfangreiche Briefwechsel mit Goethe erhalten.[33] Mariane Meyer, eine berühmte Schönheit der Zeit, wurde in ihren gedruckten Briefen so überliefert, daß man sie nachträglich auch nur als »schöne Jüdin« lesen kann. Briefe in einem leichten, spielerischen Ton, Briefe mit witzigen Berichten aus den böhmischen Bädern und vom Wiener Theaterleben, dazu Begleitbriefe zu Sendungen mit Autographen und antiken Münzen, die sie Goethe zu beschaffen wußte. Aus den ungedruckten Briefen ergibt sich dagegen eine andere Geschichte. Am 26. Dezember 1795 – im Sommer hatte sie Goethe kennengelernt – schreibt sie: »Ich bin eigentlich itzt in einer sehr critischen Lage, abgerechnet daß Saras Zustand mir das Herz zerreißt, so stehe ich auch dadurch ganz allein, ich weis wohl, daß ich keiner Hüterin bedarf, aber die Menschen verzeihen einem das nicht daß man sich so viel Muth und Verstand zutraut sich allein zu führen dazu kömt noch daß gewiße Menschen mir auch itzt noch nicht verzeihen können daß ich einmall hübsch war, die gern jede Gelegenheit ergreifen um mir zu schaden.«[34] Diese »critische Lage« präzisiert sich in anderen Briefen. »Fahren Sie fort liebster Göthe mich fortzuhelfen, so wie sie in Carlsb: thaten, ich bin Ihnen viel schuldig!«[35] Wo will sie hin, und wozu braucht sie Goethe? Es geht um einen Abschied, der sich in den Briefen ihrer Schwester an Goethe noch dramatischer darstellen wird: Es geht um den Abschied vom

32 Rahel Levin Varnhagen an Ludwig Robert. Berlin, den 9. 2. 1822. *Rahel Varnhagen. Gesammelte Werke*, Bd. III, S. 62.

33 Überliefert sind 25 Briefe Goethes an Sophie von Grotthuß und 26 an Mariane Meyer. Von den 41 Briefen der Grotthuß sind lediglich neun in Auszügen, von ihrer Schwester zwanzig von fünfundzwanzig gedruckt, wobei von einigen nur ein paar Sätze mitgeteilt wurden.

34 Mariane Meyer an Goethe. Berlin, den 26. 12. 1795. Goethe-Schiller-Archiv, Eingegangene Briefe an Goethe, 28/306.

35 Mariane Meyer an Goethe. Berlin, den 22. 9. 1795. *Goethe-Jahrbuch* XIV (1893), S. 27.

Judentum. Beide Schwestern schreiben in ihren Briefen an Goethe und über dessen Bücher an einen symbolischen Vater. Dieser Vater wird zum Gegengewicht gegen die Mutter, die ihre Töchter im Judentum halten, verheiraten und dadurch wieder zu Müttern machen will. Doch die Töchter werden nicht Mütter, sie tradieren weder die Familie noch das Judentum, sie schreiben und suchen dadurch eine neue Form der Tradierung: »Da bin ich schon wieder *guter* Göthe – Sie sehen daß ich mich an keiner Regel binde, und daß *Sie* mich nicht los werden, auch wenn Sie mir nicht antworten – etwas von dem vielen, was ich in Gedanken mit Ihnen spreche, mus auf dem papier, es kann einmall nicht anders sein – warum haben Sie mich verwöhnt, waum haben Sie sich mir gezeigt wie Sie sind, und endlich warum sind sie so! Lieber Göthe ich bin Ihnen mehr Schuldig als Sie glauben, Sie wißen nicht wie viel Trost sie mir gewähren, ich werde itzt gar nicht übel geplagt, nehme ich Ihren Tasso die Elegien vor, weg ist alles was mich drükt, noch gestern ging es mir so, ich kam verbittert von meiner Mutter zurück, mit Zauberkraft verscheucht die Elegie die Schwarzen Wolken, das können *Sie*! und nun soll man sie nicht lieb haben?«[36]

Goethe antwortet darauf, indem er Mariane Meyer den *Wilhelm Meister* und später auch die *Wahlverwandtschaften* im Manuskript schickt, lange bevor sie erscheinen. Über den *Wilhelm Meister* schreibt Mariane Meyer am 29. Oktober 1796: »Als ich ihn [Goethes Brief] erhielt war ich im begriff zu meiner Schwester zu reisen und als ich zurück kam fand ich den Meister, ich konte nicht wieder stehen – muste das Schreiben an Sie, den dank für das Überschikte wegschieben, mich in einen eckchen meines canapés setzen und lesen. Ihnen *oft* die Hand recht herzlich drücken, zuweilen um den Hals fallen – das nennen Sie also ein Wagestück? mir, sind seitdem, Meisterstück, und Wagestück, Synonime geworden.«[37] Goethe schickt Mariane Meyer seine Bücher, als ob es Briefe wären und schreibt von den *Wahlverwandtschaften* gar, »seit den letzten Kapiteln jenes Romans, die ich so geschwind zusammenschrieb, um Ihnen keinen fragmentarischen Eindruck

36 Mariane Meyer an Goethe. Berlin, den 6. 10. 1795. Goethe-Schiller-Archiv, Eingegangene Briefe an Goethe, 28/306.

37 Mariane Meyer an Goethe. Berlin, den 29. 10. 1796. Ebenda. Der Brief ist in Auszügen gedruckt in: *Goethe-Jahrbuch* XIV (1893), S. 31. Goethes Brief, den Mariane Meyer hier beantwortet, ist nicht überliefert.

zu hinterlassen, ist mir fast gar nichts gelungen«.[38] »Gedenken Sie mein unter dem Lesen«, heißt es im nächsten Brief, »gedenken Sie der guten Tage, in welchen dieses Werkchen größtentheils in Ihrer Nähe entstand.«[39]

Die Lektüren von Goethes Texten, die wie Briefe zwischen den Korrespondenten hin- und herwandern, eröffnen Mariane Meyer eine Schreibposition, von der aus die alte Identität einer Jüdin als Glied in einer Kette von Müttern und Töchtern zur Vergangenheit geworden ist. Von dieser Vergangenheit erzählt sie Goethe in einer kleinen amüsanten Geschichte. Eines Abends sei sie in Hannover in einer »adlichen Gesellschaft« gewesen, wo Lessings Nathan mit verteilten Rollen eher buchstabiert als gelesen wurde – »nur Wenige konnten geläufig lesen«. »Ich schreibe nicht, ich rede, erzähle was mir eben durch den Sinn fährt, manchmal ein bißchen confus«, so beginnt sie ihre Geschichte und fährt dann fort: »Meine Aufmerksamkeit hatte ich hauptsächlich auf einer alten Ministerin gerichtet, die gar nicht zu begreifen schien, wie in einer feinen Gesellschaft ein Buch zur Unterhaltung oder zur Bildung könne gewählt werden, wo ein Jude die Hauptperson ist, trotzdem er edel sogar weise war; dass ich zu den Töchtern Zions mich einst zählte, hatte sie gewiß nicht geahnt, gar zu gerne hätte ichs ihr gesagt.«[40] Was aber hätte sie denn sagen sollen? Wie läßt sich von einer Geschichte berichten, die in der Gegenwart keinen Platz findet? Für die kein Genre paßt, die sogar in einer Korrespondenz nur benannt werden kann, insofern sie vergangen ist – gleichsam ohne Rest?

Sara Meyers Briefe an Goethe sind von dieser Suche nach einer Darstellungsform für den Abschied vom Judentum geprägt, und auch sie findet dabei keine Antwort. Ihr Abschied ist komplizierter und dramatischer als der der Schwester. Bereits der erste überlieferte Brief, den sie mit »Sara Wulff geb. Meyer« unterzeichnet, zeigt das Muster, das die gesamte Korrespondenz mit Goethe prägt. Am 14. Oktober 1796 schreibt sie einen atemlosen Brief an Goethe, den sie im Jahr zuvor in Karlsbad kennengelernt hatte. Sie

38 Goethe an Mariane Meyer. Weimar, den 16. 1. 1809. *Goethes Werke*, hrsg. im Auftrage der Großherzogin Sophie von Sachsen Weimar, Weimar 1887-1919, IV. Abteilung, Briefe, Bd. XX, S. 281.

39 Goethe an Mariane Meyer. Weimar, den 1. 10. 1809. Ebenda, Bd. XXI, S. 102.

40 Mariane Meyer an Goethe. Königsbrück, den 28. 9. 1797. *Goethe-Jahrbuch* XIV (1893), S. 33f.

erzählt ihm die Geschichte einer Art Lesekur, die sie als Selbsttherapie vorgenommen hatte. Gegenstand ihrer Lektüre war der *Wilhelm Meister*. »Leben Sie wohl, *einziger* Mann«, unterzeichnet sie, nachdem sie im Brief von einer interessanten Fehlleistung erzählt hatte. »Kennst Du das Land, wo die Zitronen blühen«, so hatte sie am Tag zuvor gesungen, »und vergaß dass Refrain recht zu setzen, stat: Dahin, o Geliebter, sagte ich Vater«.[41] Daß Goethe, der einzige Mann, der Geliebte, in einen symbolischen Vater verwandelt wird, korrespondiert auch hier mit der Positionierung der Mutter: Von »einer unnatürlich von Religions hass beselten Mutter«[42], ist hier die Rede, die ihrer Tochter unaussprechliche Qualen bereitet habe. »Mein Phisisch und moralischer Zustand sind mir und einem jeden der mich beobachtet ein wahres Problem und nicht ganz unwichtig in der Geschichte der Psychologie.« Dem Selbstmord nahe, liest sie von Mignons Tod, der schreckliche Erinnerungen in ihr auslöst, die im Brief nicht konkretisiert werden. Das Weiterlesen aber läßt sie Weiterleben, denn der *Wilhelm Meister* bietet ihr offenbar ein Raster zur Konstruktion einer eigenen Geschichte. Diese muß sie nach der Lektüre aber noch erzählen. »Nein Sie können mich nicht verstehen, bevor Sie nicht meine Geschichte wissen, wie mich alles angriff und erschütterte wie ich das Buch oft niederlegte und erst den folgenden Tag weiter lesen durfte aus Furcht vor Krämpfe.«

Erst einige Monate später erzählt sie dann tatsächlich ihre eigene Geschichte. Sie habe in ihrer Jugend unendlich »durch ihren Werther gelitten«, denn: »Ich war im 13ten Jahre als ich einen empfindsamen Roman, mit einem Hamburger Kaufmannssohn, einem sehr hübschen guten und unterrichteten jungen Menschen hatte. Einst schickte er mir den Trost der unglücklich Liebenden, den göttlichen Werther; nachdem ich ihn verschlungen, schickte ich ihn mit 1000 unterstrichenen Stellen und einem sehr glühenden Billet zurück. Diese Depeche ward von meinen theuren Vater aufgefangen, ich bekam Stubenarrest und Mendelssohn der mein Mentor war, erschien und machte mir bittre Vorwürfe, ob ich Gott und Religion vergessen könnte und was der Alfanserei mehr war, nahm den lieben W., das unschuldige Corpus Delicti und warf ihn (nachdem er mir über jede angestrichene Stelle wacker den Text gelesen) aus dem Fenster. [...] In dieser Zeit kam Lessing

41 Sara Meyer an Goethe. Alaunwerk, den 14. 10. 1796. Ebenda, S. 49.
42 Ebenda, S. 46.

zum Besuch nach Berlin, er der mich väterlich liebte [...]. Ausser sich über meine Erzählung, bot er mir seinen Schutz an, im Fall ich den jungen Menschen heiraten wollte (welches ich aber nicht mochte, die vielen Leiden, die ich um ihn erduldet, hatte mein heisses Gefühl das wohl nicht ganz ächt war, wie ich jetzt fühle, ganz erkaltet) war indignirt gegen Mendelssohn und brachte mir ein ander Exemplar von Werther (das ich aber lange nicht ohne Schauer ansah).«[43] Trotz Lessings Intervention wurde sie in der Folge »zu 15 Jahre durch Moses Gewalt und der Mutter Zwang an einen Elenden verheiratet, der meine Existenz 10 Jahre lang zu Höllenqual machte«.[44]

Auf diese Bekenntnisse, in denen Goethes Bücher die Raster von Sara Meyers Biographie bilden, hat Goethe nicht geantwortet. Da er durch seine »Productionen am eigentlichsten mit der Welt zusammenhänge«[45], könne er keine Briefe schreiben, sondern nur

43 Sara Meyer an Goethe. Dresden, den 20. 3. 1797. Ebenda, S. 51.

44 Ebenda, S. 53. In Franz Koblers *Juden und Judentum in deutschen Briefen aus drei Jahrhunderten* wurde dieser Brief in einem Kapitel »Der Kampf um Goethes Werther im Hause Meyer« nachgedruckt. Kobler schreibt: »Während die heranwachsende männliche Generation der Juden die deutsche Philosophie in sich aufnahm und eine Synthese mit der überlieferten Weltsicht herbeizuführen oder das neue Gedankengut selbständig zu meistern strebte, wurden die jüdischen Bürgermädchen von der deutschen Dichtkunst gefangen genommen, die um diese Zeit zur höchsten Blüte emporschoß. Der junge Goethe und vor allem seine ›Leiden des jungen Werther‹ übten auf die Gemüter dieser der Enge des Ghettos entwachsenen Jüdinnen einen überwältigenden Zauber aus. Der Kampf, den der auch im Gewande der Aufklärung noch lebendige, männliche Geist des alten Judentums mit der Empfindsamkeit der ›schönen Seelen‹ zu bestehen hatte, wurde, nach außen nicht bemerkbar, im Schoße der Familie ausgetragen. Es war ein Kleinkrieg, in welchem über das Schicksal der nächsten Generation entschieden wurde. Die Entscheidung fiel zugunsten Goethes und der Frauen.« Die Erstausgabe dieses Buches erschien 1935 beim Saturn Verlag in Wien, ein Nachdruck 1984 beim Jüdischen Verlag Athenäum in Frankfurt, vgl. S. 100f. Eine Variante dieser Geschichte erzählt Sophie von Grotthuß in einem späteren Brief an Goethe vom 25. 5. 1814, vgl.: *Ein Brief von Frau von Grotthuis an Goethe. (Über Goethe's Leben, Mendelssohn und Lessing.) Aus dem Riemerschen Nachlaß*, in: *Europa. Chronik der gebildeten Welt.* Nr. 27 (1850), S. 209-211. Auf diesen Brief antwortete Goethe: »Daß ich so lange geschwiegen und nicht für den gefühlvollen und einsichtigen Brief über meinen dritten Theil [von *Dichtung und Wahrheit*] geantwortet, werden Sie mir gewiß verzeihen, wenn Sie bedenken, daß Vorgemeldetes alles in sechs Wochen, unter mancher äußeren Unruhe; fertig werden mußte.« Goethe an Sophie von Grotthuß. Weimar, den 7. 7. 1814. *Goethes Werke, Briefe*, Bd. XXIV, S. 312.

45 Goethe an Sophie von Grotthuß. Weimar, den 28. 3. 1801. Ebenda, Bd. XV, S. 206.

seine Werke. Daraufhin beginnt Sara Meyer ihn zu bemuttern: Schokolade, Fasanen, Dorsche und Kaviar wandern in Goethes Küche, und seine Dankesschreiben knüpfen die Kette der Korrespondenz weiter. Bis sie im Jahr 1814 einen Höhepunkt erreicht und kurz darauf abbricht. Ursache ist ein Disput über Deutschland und die Deutschen, den Goethe am 17. Februar 1814 begann. In einem ungewöhnlich ausführlichen Brief empfiehlt er seiner Korrespondentin ein Buch, das sie unbedingt lesen solle – Germaine de Staëls *De l'Allemagne*: »Lassen Sie mich, nach einer so schmackhaften leiblichen Speise [sie hatte ihm fünf Gänsebrüste geschickt! – B.H.], ohne gesuchten Übergang, von einer gleichfalls wohlbereiteten geistigen Speise reden! ich meine das Werck sur l'Allemagne, von Frau von Stael; Sie haben es selbst gelesen, und es bedarf also meiner Empfehlung nicht. Ich kannte einen großen Theil desselben im Manuscript, lese es aber immer mit neuem Antheil. Das Buch macht auf die angenehmste Weise denken, und man steht mit der Verfasserin niemals in Widerspruch, wenn man auch nicht immer gerade ihrer Meinung ist.«[46] In der Folge setzt Goethe zu einer seiner großen Reflexionen über Deutschlands Zustand und Zukunft nach Napoleons Niederlage im Herbst 1813 an: »Ist indeß den Beobachtern nicht ganz erfreulich, wie sich die befreyten Deutschen schon wieder literisch gegen einander benehmen; so muß man denken, daß dieß nun einmal die Art der Nation ist, sobald sie von fremdem Drucke sich befreyt fühlt, unter sich zu verfallen.«[47] Warum aber adressiert er diese Reflexion an Sophie von Grotthuß, nachdem er ihr in der bereits 20 Jahre währenden Korrespondenz fast ausschließlich freundlich-formale Briefe geschrieben hatte? Warum legt er ihr ein Buch ans Herz, von welchem er weiß, daß sie es längst gelesen hat? Ein Buch, das Deutschland von außen beschreibt? Die Perspektivierungen in Goethes Brief sind so gewählt, daß dieser Außenblick auf Deutschland und die Deutschen für jemanden referiert wird, der ebenfalls wie von außen auf die Deutschen schaut. Goethes Adressierung konstituiert Sophie von Grotthuß somit zur Nicht-Deutschen, die einen ähnlichen Blickpunkt einnimmt wie Germaine de Staël.

Über diese Adressierung ist Sophie von Grotthuß offenbar so

46 Goethe an Sophie von Grotthuß. Weimar, den 17. 2. 1814. Ebenda, Bd. XXIV, S. 160.

47 Goethe an Sophie von Grotthuß. Weimar, den 7. 2. 1814. Ebenda, S. 134.

ratlos, daß sie, die so oft um Antwort bat, nun Goethe nicht mehr antworten kann. Sie läßt einen Monat verstreichen, bevor sie ihm schreibt: »Mein theurer Geliebter Freund! Waß werden Sie von mir denken, daß ich Ihre zwey köstlichen Briefe so lange unbeantwortet gelaßen?«[48] So beginnt sie ihre umfangreiche Antwort, der drei weitere folgen, weil Goethe nun schweigt. Goethes Identifizierung mit Madame de Staël wird in diesen Briefen weitgehend verworfen, denn Sophie von Grotthuß schreibt über *De l'Allemagne*, als ob es ein Buch wäre, das einzig von Goethe, keinesfalls aber von Deutschland handelt: »Ich habe nun den 2. Theil de l'Allemagne gelesen, die Geistreiche Verfaßerin beurtheilt Ihr Genie, Ihren Geist, mit dem Überblick der sie so auszeichnet und wan man schon nicht ganz mit ihr in allen Urtheilen über Ihre Werke eins ist, so freut es doch zu sehn daß Sie verstanden, aber wovon sie keine Ahndung hatt, ist Ihr himmlisches Gemüth, diese Güte die Sie als predicat der Menschheit ansehen und sich fast schämen, daß man sie Ihnen als grosse Eigenschaft anrechne, dieses tiefe liebende Gefühl für Wahrheit und Recht, daß ihren Schriften den Stempel des Götlichen im Menschenlichen giebt, die fühlt keiner beßer als Ihre Freundin, die Sie darum mit einer Art von Anbethung liebt.«[49]

Mit dieser Lektüre Goethes scheint sich die Konstellation der Briefschreiber bedrohlich der von Genie und anbetenden Weibern anzunähern, wie sie Nietzsche schilderte. Indem Sophie von Grotthuß Goethe mit Deutschland identifiziert und sich als die skizziert, die ihn und damit Deutschland versteht, geht der Spielraum der Korrespondenz verloren. Die Plätze sind verteilt, das Spiel ist zu Ende. Als sie Goethe dann noch auffordert, ein Stück zu schreiben, das am Jahrestag der Völkerschlacht »in ganz *Deutschland* in derselben Stunde«[50] aufgeführt werden soll, gibt es zwischen ihnen nichts mehr zu schreiben. Ein patriotischer Dichter, der sich an ein homogenes deutsches Publikum wendet oder dieses vielmehr durch seine patriotische Rede allererst erzeugt, und auf der anderen Seite eine Frau, die gegen diese Einbin-

48 Sophie von Grotthuß an Goethe. Dresden, den 14. 3. 1814. Goethe-Schiller-Archiv, Eingegangene Briefe an Goethe, 1814. 546-549.

49 Sophie von Grotthuß an Goethe. Dresden, den 21. 4. 1814. *Goethe-Jahrbuch* XIV (1893), S. 55. Nach der Handschrift revidiert, vgl. Goethe-Schiller-Archiv, Eingegangene Briefe an Goethe, 1814. 157. 158.

50 Sophie von Grotthuß an Goethe. Tharant, den 30. 6. 1814. *Goethe-Jahrbuch* XIV (1893), S. 56.

dung sogar noch ihre Vorliebe für die französische Sprache verteidigen muß – in diesem Konzept des Deutschen ist jeder Unterschied unmöglich. Noch ein paar Briefe hin und her, dann bricht der Kontakt ab. In Goethes letztem Brief vor der Unterbrechung heißt es: »Auf ein wenig Hypochondrie deutet es, meine theure Freundin, wenn man glaubt, es wolle etwas Besonderes bedeuten, wenn unsere Vertrautesten manchmal schweigen.«[51] Auf diesen Brief schweigt Sophie von Grotthuß zehn Jahre lang, und Goethes Aufforderung, statt Briefen doch Texte von sich zu schicken, entspricht sie erst 1824, nachdem sie inzwischen einen Roman, eine Erzählung, ein Drama und ein Lustspiel geschrieben hat, die sie nun mit Goethes Hilfe publizieren will. »Theurer verehrter Freund!« so schreibt sie am 19. Februar 1824, »ob Ihnen die Unterbrechung eines Zehnjährigen Stillschweigens, unwillkomen, oder ob Sie mit Ihrer eigenthümlichen Güte, sich einer, durch verlaßen und Leiden tiefgebeugten Freundin, nachsichtig erinnern?«[52] In einem der folgenden Briefe vom 14. August 1824 konkretisiert sie diesen Appell an Goethes Güte: »ich kann nicht umhin Ihnen dies erste Anliegen seit unsrer 30 Jährigen Freundschaft vorzutragen, dies ist ob Sie mich nicht dem Herrn Cota empfehlen wolten, ich kann hier keinen mir convenierenden Verleger finden [. . .] da ich weis was Sie so tief *fühlen* als *ausüben* und Sie der Welt so schön ans Herz gelegt, durch, *Edel Sei der Mensch, hülfreich und gut*, so hoffe ich Sie werden mir diese Gefälligkeit nicht absagen.«[53] Goethe antwortet nicht. Eine Schriftstellerin findet offenbar keinen Platz in der Konstellation des Briefewechselns.

Dieses Schweigen bildet den Grundton der Konstellation, in den Jüdinnen damals eintreten. Ob sie *wie* Goethe schreiben, *an* Goethe schreiben oder *über* Goethe schreiben. Jüdin – so könnte man sagen – bezeichnet um 1800 einen Übergang. Jenseits lag eine Kultur, die im Übergang in die neue, wie sie im Namen Goethes kulminiert, nicht erzählbar und nicht darstellbar war. Um in dieser neuen Kultur einen Namen zu haben, mußte im Übergang

51 Goethe an Sophie von Grotthuß. Weimar, den 2. 1. 1815. *Goethes Werke. Briefe* Bd. XXV, S. 127.

52 Sophie von Grotthuß an Goethe. Oranienburg, den 19. 2. 1824. Goethe-Schiller-Archiv Weimar, Eingegangene Briefe an Goethe, Alph 375 X.

53 Sophie von Grotthuß an Goethe. Berlin, den 14. 8. 1824. Goethe-Schiller-Archiv Weimar, Eingegangene Briefe an Goethe, Alph 375 XV.

etwas vergessen werden, spurlos und möglichst ohne Rest. Denn die Erinnerung daran, daß es ein Vorher gab, eine Welt der Mütter im Unterschied zur neuen Welt des Vaters Goethe, stieß auf Schweigen. In keinem Brief, in keiner Korrespondenz wecken diese Erinnerungen Fragen und Interesse, immer werden sie zu Monologen ohne Echo. Schreiben im Übergang ist damit ausgeschlossen – man schreibt hier oder dort. Eine fatale Alternative, die Nietzsches Konnotationen von »Goethe« und »Jüdinnen« weitgehend aufzuheben scheint: Kaum gelingt Bewunderung ohne Anbetung; Frau, aber nicht Weib sein; Schreiben, aber kein Werk autorisieren; deutsch sein, aber anderes nicht ausgrenzen. Jüdin – mit einem Wort. Wie soll es Jüdinnen geben, wenn die andere Seite – schweigt?

Hedwig und Paula
Auf der Suche nach einem Namen um 1900

Um 1900 ist alles anders. Eine Zeit bricht an, in der Frauen weibliche Vornamen tragen: Sie heißen Ella und Else, Frieda und Luise. Auch Jüdinnen sind nicht mehr über ihre Vornamen identifizierbar: Sie heißen Gertrud und Hedwig, Helene und Margarete. Es entstehen Konstellationen des Schreibens, in denen Frauen ein neuer Platz zugewiesen ist. »Frau« – diese Bezeichnung signalisiert jetzt nicht mehr den Gegenpart des modernen Autors, der sich in einem Namen, im Namen einer Epoche sagen läßt. Gerade Goethes Name wird zum Paradigma eines Schreibens, das Schriftstellerinnen ausdrücklich verwerfen, damit sich ein neues ereignen kann. In Harriet Straubs *Zerrissenen Briefen* heißt es: »Ich sehe den Mann schon neben mir stehen und, mit dem unnatürlich langen Zeigefinger des Johannes auf dem Kreuzigungsbild von Grünwald, auf die Gipfel deuten, auf einen Beethoven, auf einen Goethe, Spinoza, Kant,und ich höre seine einförmig wiederholte Frage: wo sind hier die Frauen? Der Fragende steht gewöhnlich auch nicht Schulter an Schulter mit den Riesen, aber immerhin, er ist Geschlechtsgenosse und ein Schein von all der Herrlichkeit fällt auch auf ihn.«[1] Und Lu Märten schreibt in ihrer kleinen Monographie *Die Künstlerin*: »›Die Frauen haben noch keinen Goethe, keinen Beethoven unter sich.‹ Welch ein Geschwätz! Dies wäre geschichtliche Abnormität, und sie haben sie bisher allerdings nicht erbracht; aber sie werden den ›Goethe‹ oder ›Beethoven‹ in sich, unter sich werden lassen – so wie ihn erst eine bestimmte Stufe gesellschaftlicher Kunst und Denkarbeit hat werden lassen können. Solch ein symphonischer oder synthetischer Geist konnte sich erst erbringen auf Grund vieler Resultate der Menschheit; ihrer Arbeit, ihrer Töne, ihrer Wissenschaft und Denkarbeit. Über sie hinaus wuchsen neue mit neuen, weil wieder reicheren Resultaten aus alledem. Große Geister sind Resultate universalen Geschehens – eines

1 Harriet Straub, *Zerrissene Briefe*, hrsg. von Ludger Lütkehaus, Freiburg/Breisgau 1990, S. 73.

Landes, einer Klasse – und schließlich vielleicht der Menschheit.«[2]

Goethe verschwindet als Maßstab, weil Schreiben nicht mehr nur in die Koordinaten von Autorschaft und Werk, von Autor und Leserin gespannt ist. Seit eine Frau mit ihrem Namen jeden beliebigen Text unterzeichnen kann, vollzieht sich ein Wandel, der auch den Status von Literatur verändert. Weibliches Schreiben ist nicht mehr mit literarischem zu identifizieren, und dadurch treten literarische Texte in Verhältnisse, die allererst zu konstruieren sind: Es geht um Literatur und Philosophie, Literatur und Politik, Literatur und Psychoanalyse. Wie sich zeigen wird, etabliert sich im Gegenzug zur Öffnung neuer theoretischer Felder und Schreibweisen für Frauen doch wieder eine Einschränkung. In komplizierten Ausgrenzungen gelingt eine erneute Identifizierung von Genre und Geschlecht: Frauen schreiben – wieder – Literatur. Aber nun in Schreibkonstellationen, die von nichtliterarischen Texten bestimmt werden. Eine dieser Konstellationen ist die Arbeitsehe. Damit sind schreibende Paare gemeint, bei denen sich eine prekäre Arbeitsteilung zeigt: dem Mann die Wissenschaft – der Frau die Ideologie; das bekannteste Beispiel dafür sind Max und Marianne Weber.[3] Bei drei der im folgenden vorgestellten Paare, die sich auch untereinander gut kannten und deren Texte in vielfacher Verflechtung entstanden sind, fällt den Männern die Theorie, den Frauen die Literatur zu: Martin Buber, Gustav Landauer und Fritz Mauthner zeichnen mit ihren Namen literarische, politische und theoretische Texte, wobei bürgerlicher und Autorname zusammenfallen. Die Frauen dagegen schreiben – von wenigen Ausnahmen abgesehen – literarisch und zeichnen ihre Arbeiten pseudonym wie Paula Buber alias Georg Munk, Hedwig Mauthner alias Harriet Straub oder mit dem Geburtsnamen wie Hedwig Lachmann, die Frau von Gustav Landauer.

Drei schreibende Paare als Beispiele für Arbeitsehen, dieser neuen Organisationsform von Genre und Geschlecht. Alle arbei-

2 Lu Märten, *Die Künstlerin*, München 1919. Eine Kopie dieses schwer zugänglichen Textes stellte mir Chryssoula Kambas zur Verfügung.

3 Zu Marianne Weber als Theoretikerin der Arbeitsehe vgl. meinen Aufsatz *Der nahe Andere und das ferne Ich. Eine Skizze zu biographischen und autobiographischen Texten von Frauen aus der Weimarer Republik*, in: *Feministische Studien* 2 (1985), S. 57f.

ten zusammen an Texten, die später unter einem Namen erscheinen – fast ausschließlich unter dem des Mannes. Im seltenen umgekehrten Fall beklagt sich der Mann: Gustav Landauer bezeichnet sich einmal »als Mithelfer an der Übersetzung [von Hedwig Lachmann], der nur wegen der Dummheit der Verleger nicht genannt ist«.[4] Weitgehende Parallelen kennzeichnen diese Paare: Die Männer haben ihr Verhältnis zum Schreiben nicht institutionell geregelt; sie sind Schriftsteller, Theoretiker und Politiker, sie produzieren die unterschiedlichsten Texte und konstruieren in ihrem Schreiben immer neue Verhältnisse zwischen diesen Bereichen. Fritz Mauthner und Gustav Landauer lebten beide erst mit Frauen, die nicht schrieben; das Leben mit der schreibenden Frau wird als sehr glücklich dargestellt – Glück als Resultat einer Korrespondenz von Texten? In welcher Anordnung, um welchen Preis? Keines der ausgewählten Paare trennt sich, was in Blick auf die Biographien schreibender Frauen zwischen 1890 und ca. 1920 eher ungewöhnlich ist. Hedwig Straub und Paula Winkler gehören beide zu den Pionierinnen des Frauenstudiums, doch in ihren Ehen mit schreibenden Männern zeichnen sie nur ihre eigenen literarischen Texte mit Pseudonymen, nicht aber die gemeinsamen Produkte, für die sie gerade auch das Studium bzw. die Berufstätigkeit qualifizierte. Martin Buber und Richard Beer-Hofmann, welcher zusammen mit Paula Beer-Hofmann das vierte ausgewählte Paar bildet, heirateten beide nur einmal und beide verbanden sich mit Frauen, die vor der Heirat zum Judentum konvertierten. Paula Buber kam ebenso wie Paula Beer-Hofmann aus einem katholischen Elternhaus. Paula und Richard Beer-Hofmann repräsentieren eine andere Schreibkonstellation, bei der nur der Mann schreibt. Im Unterschied zu den anderen drei Autoren läßt sich Richard Beer-Hofmann einfach bezeichnen: Er ist Schriftsteller und hat ein schmales literarisches Œuvre hinterlassen. Und doch ist er kein Dichter, der mit seiner Muse lebt, sondern Teil eines Paares, das zusammen »aus einer Feder« schreibt – in einer Anord-

4 *Gustav Landauer. Sein Lebensgang in Briefen*, Unter Mitwirkung von Ina Britschgi-Schimmer hrsg. von Martin Buber, 2 Bde., Frankfurt/Main 1929, Bd. I, S. 452. Landauer übersetzte gerade zusammen mit Hedwig Lachmann *Dies edle und freudenreiche Buch heißet Der Tod Arthurs, obzwar es handelt von Geburt, Leben und Taten des genannten Königs Arthur, von seinen edlen Rittern vom Runden Tische ... welches Buch ins Englische gebracht wurde durch den Ritter Sir Thomas Malory*, Leipzig 1913. Andere Übersetzungen erschienen unter beider Namen, vgl. die Angaben im Anhang.

nung, die ohne Vorbild und ohne Nachahmung bleibt, wie sich zeigen wird.

Die Texte dieser vier Paare bilden ein Netz aus Romanen und Dramen, Gedichten und Erzählungen, aber auch aus Briefwechseln, Lektüreskizzen und Rezensionen, aus Zeitungsartikeln, Buchreihen und Übersetzungen. Eine Vielheit verschiedenster Texte, keiner Schreibweise, keiner Disziplin und keinem Feld des Wissens zuzuordnen. Wobei die Männer in ihr Schreiben und Publizieren auch die Frauen der Freunde einbeziehen, deren Texte sie in ihren Zeitschriften abdrucken, deren Bücher sie rezensieren, was die Frauen aber umgekehrt – soweit mir bekannt – nie tun.[5] So bespricht Fritz Mauthner beispielsweise Hedwig Lachmanns Übersetzung von Oscar Wildes *Salome* 1900 im Berliner Tageblatt,[6] und in einem Brief Martin Bubers vom 10. 2. 1903 an Gustav Landauer heißt es, daß seine Besprechung von Hedwig Lachmanns Gedichtband *Im Bilde* von 1902 »seit drei Monaten in der N.[euen] F.[reien] P.[resse]« liege[7].

Während die Männer Kreise bilden, in denen sie eine nicht institutionalisierte Zusammenarbeit praktizieren können, schreiben die Frauen weitgehend allein, ohne Rahmen und Kontext. Deshalb gibt es umfangreiche Korrespondenzen der Männer, mehr oder weniger gut und vollständig gedruckt, während die Briefe der Frauen nur unzureichend präsentiert sind. Von keiner der vier Frauen, die in diesem Kapitel vorgestellt werden, gibt es eine Briefausgabe. Ihre Texte werden fast nur im Kontext der Arbeitsehen überliefert: Martin Buber und Gustav Landauer gaben beide nach dem Tod Arbeiten ihrer Frauen heraus und bewahrten die Korrespondenzen auf.[8] Von Hedwig Mauthner dagegen, die ihren

5 Harriet Straubs Brief *Aus der Wüste* wurde am 15. 9. 1913 in der von Gustav Landauer herausgegebenen Zeitschrift *Der Sozialist* 5. Jg., Nr. 16, S. 121-127, vorabgedruckt. Der Text erschien dann im Herbst 1913 auch in Harriet Straubs Buch *Zerrissene Briefe*.

6 Vgl. *Gustav Landauer. Sein Lebensgang in Briefen*, S. 63.

7 Martin Buber, *Briefwechsel aus sieben Jahrzehnten*, hrsg. von Grete Schaeder, Bd. I, Heidelberg 1972, S. 186.

8 Hedwig Lachmanns Briefe befinden sich im Nachlaß Gustav Landauers im Internationalen Institut für Sozialgeschichte, Amsterdam. Landauer bestimmte testamentarisch, daß Martin Buber, den er als Nachlaßverwalter einsetzte, sich sowohl um seine als auch um die Manuskripte seiner Frau kümmern solle. Ich danke Hanna Delf, die eine Briefausgabe Gustav Landauers vorbereitet, für ihre Auskünfte. Der Briefwechsel von Martin und Paula Buber befindet sich in Privatbesitz.

Mann überlebte, findet sich in dessen Nachlaß kaum eine Spur. Offenbar hat sie alles herausgenommen, was sie selbst betraf.[9]

Vier Paare, vier Schreibkonstellationen: In diesem Netz gelesen, verändert sich auch die Bedeutung von »Buber«, »Landauer« und »Mauthner«. Bekannte Autoren, unbekannte Autorinnen? An Autornamen und Werken schreiben nun Texte mit, die als unlesbar und uninteressant ausgeschieden werden, damit sich deren Bedeutung konstituiert.

»Wir sind kein Paar, wir sind Pares« Hedwig Lachmann und Gustav Landauer

»Wir sind kein Paar, wir sind *Pares*«, schreibt Gustav Landauer am 10. Mai 1899 an Hedwig Lachmann, »und da das lateinisch ist und auch sonst darf ich es wohl erklären: Wir sind nicht zwei armselige Hälften, denen nichts als die Leidenschaft gebietet, sich zu vereinigen, und die dann doch immer auseinanderklaffen; wir sind zwei Ebenbürtige, die – so glaube ich – zu einander wollen, um zusammen zu gehn.«[10]

Wer trifft da zusammen? Ein Schriftsteller, der seiner zukünftigen Frau gleich etwas von sich zu lesen mitschickt, und eine Lyrikerin, die auch Übersetzungen vorzuweisen hat. Ein verheirateter Mann, der getrennt von seiner Frau lebt und seine Tochter Charlotte sehr vermißt, die bei der Mutter geblieben ist. Eine Frau, die gerade eine schwierige Liebesgeschichte mit Richard Dehmel hinter sich hat.[11]

Gustav Landauers Briefe – die Gegenbriefe sind leider nicht gedruckt – zeigen Spuren eines heftigen Kampfes zwischen den Liebenden: Verführung und Eroberung, Überzeugung und Resignation. Landauers ungeduldiges Werben stößt offenbar auf Abwehr: »nicht wahr, Du weißt immer bei meiner übermächtigen Sinnenfreude an Dir Liebsten, daß das alles Dich ganze Hedwig,

9 Fritz Mauthners Nachlaß liegt im Leo Baeck Institut, New York. Neben einigen persönlichen Papieren Mauthners, wie z. B. der Heiratsurkunde mit Hedwig Straub, befinden sich dort nur wenige an sie adressierte Briefe.

10 *Gustav Landauer. Sein Lebensgang in Briefen*, Bd. I, S. 19.

11 Vgl. dazu Julius Bab, *Richard Dehmel. Die Geschichte eines Lebens-Werkes*, Leipzig 1926, S. 103ff. Richard Dehmel hat einige seiner Gedichte aus dem Zyklus *Aber die Liebe* an Hedwig Lachmann gerichtet.

Dich Seele umfassen und verehren will?«[12] Im Brief vom 9. Februar 1901, in dem er sie zum ersten Mal »Du« nennt, bittet er um eine Entscheidung: »Ob ich, der ich nun bin, gleichviel *was* das Äußere bringt, der bin, dem Du verbunden bist.« Denn »mein Empfinden aber kann ich nicht beherrschen, das ist da, das bin ich«.[13]

Daß die »Sinnenfreude« zum Problem wird, ist mit Hedwig Lachmanns Schreiben verbunden. Im Zusammensein mit einer Frau, die ihre Seele in Form von Gedichten aufs Papier bringt, scheint Begehren fehl am Platz. Die gleiche Opposition zwischen der Dichterin und der begehrten Frau prägte bereits Hedwig Lachmanns Liebesbeziehung zu Richard Dehmel. Von diesem sind zwei Briefe an Hedwig Lachmann vom Mai 1893 überliefert, die diese Trennung exemplarisch vorführen. Der erste beginnt so: »Liebe, liebe – nein: – Mignon, das gefällt mir ganz und gar nicht, und überhaupt sind mir Literaturnamen verhaßt.« Ein Brief an eine Namenlose, der diese mit literarischen Figuren in Verbindung bringt. Als Ähnlichkeit zwischen den Liebenden entwirft Dehmel die Hände: »und Deine Hand in meiner halten und glücklich sein, daß wenigstens unsre Hände sich ein bischen ähnlich sind! –« Weil sie Schreibhände sind? »Dann wollen wir auch über die Änderungen Deiner Gedichte reden; ich fühl mich so gottverlassen, daß mir keine Zeile gelingt. Auf Wiedersehn! Dein Freund.«[14] Der zweite Brief an die begehrte Frau spricht von anderen Händen: »Mein geliebtes Wesen [...] Das bin ich ja nicht Ich, wenn in übermächtigen Augenblicken einer Frühlingsnacht die fiebernde Legion der Samentierchen mir auf einmal alles Blut aus Herz und Gehirn nach unten saugt, daß ich wanke und mit willenlosen Lippen und Händen nach Deinen Reizen taste.« Doch in diesem »Kampf der gewordenen Seele gegen das altewige Geschlecht, diesem schwersten aller modernen Bewußtseinsconflicte« wird das »rein geistige Erleben auch meiner Sinnlichkeiten« siegen, »mein liebes Wesen, liebe, liebe Hedwig! Dein Richard.«[15]

Zwei Schreibende, die Gedichte verfassen. Auf der einen Seite

12 Brief vom 15. 5. 1901. *Gustav Landauer. Sein Lebensgang in Briefen*, Bd. I, S. 88.

13 Ebenda, S. 85f.

14 Richard Dehmel, *Ausgewählte Briefe aus den Jahren 1883 bis 1902*, Berlin 1923, S. 108f.

15 Ebenda, S. 109f.

ein Dichter, der den Mann in sich in die Pflicht nimmt. Auf der anderen Seite ein »Wesen«, das in Dichterin und Frau zerfällt, und den Dichter gerade in dieser Gespaltenheit anregt. Richard Dehmels erste große Gedichtsammlungen *Aber die Liebe* enthält als Motto eines Gedichtes mit dem Titel *Antwort* einen Vers von »Hedwig« – wie sie genannt wird –, an dem er anknüpft.[16] Ein schreibendes Paar, bei dem die Texte der Frau in die des Mannes integrierbar sind. Ein Paar, aber nicht Pares?

Gustav Landauer dagegen integriert die Gedichte seiner Frau nicht in seine eigenen Texte, er macht ihr diese Art der Produktion nicht streitig. Ihren Autornamen respektiert er mit außergewöhnlicher Sorgfalt: Die Dichterin heißt »Hedwig Lachmann«. So nennt er sie auch in persönlichsten Briefen, wie zum Beispiel in dem folgenden an seine Tochter Gudula, der er die Arbeit der Mutter als testamentarischen Auftrag übergibt: »Nichts in der Welt kann Dir da schöneres Vorbild sein als Deine Mutter: sie hat nie nach etwas gestrebt, was sie nicht war; sie war kein Dante und kein Goethe und kein Shakespeare; aber fast jedes ihrer Gedichte ist die Vollkommenheit; und diese vollendeten kleinen Schöpfungen werden leben, solange die deutsche Sprache lebt. So wie Deine Mutter, in sich ruhend, Hedwig Lachmann war, so sollst Du Gudula Landauer werden.«[17]

Sogar in der Todesanzeige und in Landauers Dank für die Briefe und Nachrufe der Freunde wird sie mit diesem Namen genannt: »Ich habe den Tod meiner Frau miterlebt; [...] ich werde erzählen, wie Hedwig Lachmann gestorben ist.«[18] Er schreibt also nicht ihren bürgerlichen Namen Hedwig Landauer, mit dem sie selbst ihre Briefe unterzeichnet.[19]

Und dennoch ist Hedwig Lachmanns Platz neben Gustav Landauer eingeschränkt. Am 1. August 1915 schreibt er ihr: »Geliebte Frau! Zu allererst von Deinem Gedicht. Ich finde es wunderschön und bin innig gerührt, daß gerade dieses Gedicht in Dir nach dem vollendeten Ausdruck sucht. Ich danke Dir, Hedwig, Frau, Jüdin,

16 Richard Dehmel, *Aber die Liebe. Gedichte und Geschichten*, Berlin 1893, S. 111f.

17 *Gustav Landauer. Sein Lebensgang in Briefen*, Bd. II, S. 219f.

18 Ebenda, S. 210.

19 Vgl. z. B. einen Brief vom 21. 11. 1917 an Auguste Hauschner: »Seien Sie von Herzen gegrüßt von Ihrer Hedwig Landauer.« *Briefe an Auguste Hauschner*, hrsg. von Martin Beradt und Lotte Bloch-Zavrel, Berlin 1929, S. 150.

Meine.« Unterzeichnet ist dieser Brief mit »Dein Mann«.[20] Gustav Landauer antwortet hier auf den ersten Entwurf von Hedwig Lachmanns Gedicht *Mit den Besiegten* und entwirft präzise Änderungsvorschläge, die Hedwig Lachmann dann teilweise übernimmt. Die Druckfassung lautet:

Preist ihr den Heldenlauf der Sieger, schmückt
Sie mit dem Ruhmskranz, Euch dran zu weiden –
ich will indessen, in den Staub gebückt,
Erniedrigung mit den Besiegten leiden.

Geringstes Volk! verpönt, geschmäht, verheert
Und bis zur Knechtschaft in die Knie gezwungen –
Du bist vor jedem stolzeren mir wert,
Als wär' mit dir ich einem Stamm entsprungen!

Heiss brennt mich Scham, wenn das Triumphgebraus
Dem Feinde Fall und Untergang verkündet,
Wenn über der Zerstörung der Applaus
Und wilder noch die Machtgier sich entzündet.

Weit lieber doch besiegt zu sein, als verführt
Von eitlem Glanz – und wenn auch am Verschmachten,
Und ob man gleich den Fuss im Nacken spürt –
Den Sieger und das Siegerglück verachten![21]

In der Kette der vier Anreden »Hedwig, Frau, Jüdin, Meine« ist zusammengefaßt, wer für Gustav Landauer in Hedwig Lachmanns Namen schreibt: Ein Gedicht sucht seinen Ausdruck und übersteigt damit gleichsam seinen Produzenten. Das ist Hedwig, die Stimme des Dichtens. Die »Frau« ist der Name einer Identifizierung mit den Besiegten, denen sich das Ich des Gedichtes eher zuordnen möchte als den Verführten. »Ich bin ein Weib, zag, furchtsam, feig wohl gar«[22], heißt es in einem anderen Gedicht. Die »Jüdin« will »Erniedrigung mit den Besiegten leiden« und sich dem »Geringsten Volk« zurechnen. »Meine« schließlich bedeutet die Adresse nicht nur dieses, sondern aller Gedichte Hedwig Lachmanns. In einem der nächsten Briefe Gustav Landauers heißt es: »Sehr ergreift mich das wunderschöne Traumbild, das Du mir

20 *Gustav Landauer. Sein Lebensgang in Briefen*, Bd. II, S. 61 f.
21 Hedwig Lachmann, *Gesammelte Gedichte. Eigenes und Nachgedichtetes*, Potsdam 1919, S. 98.
22 *Unter der Schwelle*, in: ebenda, S. 99.

erzählst, Liebste; das muß wieder ein Gedicht für sich, ein Gedicht für mich werden!«[23]

Mit dieser Adressierung etabliert Gustav Landauer eine hierarchische Anordnung verschiedener Schreibformen, in der die Gedichte Hedwig Lachmanns einen so besonderen Platz einnehmen, daß sie Gustav Landauers Schreiben nicht tangieren. Denn dieser schreibt nicht wie souffliert von ungenannten Instanzen an einen geliebten Menschen, in dessen Lektüre sein Text allererst entsteht. Gustav Landauer schreibt an »das Volk«. Mehr noch: Er schreibt das Volk in seinen Texten.

Am Beginn der Liebesgeschichte von Hedwig Lachmann und Gustav Landauer war von dieser Hierarchie noch nichts zu sehen. Andeutungen finden sich jedoch in Briefen an dritte, wenn es zum Beispiel in einem Brief an Auguste Hauschner heißt: »Nicht nur, daß wir zwei Menschen ein geradezu großes Glück miteinander haben, ich fühle auch, daß trotz aller Hemmnisse ich noch schließlich etwas zu sagen und zu leisten habe, was mir vorbehalten ist.«[24] In einem der frühen Briefe an Hedwig Lachmann findet sich sogar die Bitte, daß sie sich in seine Arbeit einmischen und ihn »ein bischen bevormunden«[25] solle. Aus den Korrespondenzen Landauers mit Martin Buber und Fritz Mauthner entsteht jedoch der Eindruck, daß sie seine intellektuellen Ansprechpartner waren, die ihn »bevormundeten«, nicht aber Hedwig Lachmann. Ein Grund dafür liegt in der traditionellen Arbeitsteilung zwischen Mann und Frau: »Sie arbeitet sehr langsam«, schreibt Landauer einmal über Hedwig Lachmann, »kann eben auch viel zu wenig zur Arbeit kommen.«[26] Neben Haushalt und Kindererziehung ist damit auch ihre Übersetzungsarbeit gemeint, die offenbar den Unterhalt der Familie garantierte. Da bleibt nicht viel Zeit. Deshalb können weniger ihre eigenen Arbeiten als vielmehr die von ihr übersetzten Texte Anregungen für den schreibenden Mann bieten. Nach der Lektüre von Poes *Ovalem Porträt*, das Hedwig Lachmann übersetzte, schrieb ihr Landauer: »Ich werde kein solcher Künstler sein, liebstes Leben, schon weil ich kein solcher Künstler bin; aber auch sonst. Mir geht's ums Leben mit Dir; und manch-

23 Brief vom 5. 8. 1915. *Gustav Landauer. Sein Lebensgang in Briefen*, Bd. II, S. 65.
24 Brief vom 4. 3. 1902. *Briefe an Auguste Hauschner*, S. 59.
25 Brief vom 18. 9. 1900. *Gustav Landauer. Sein Lebensgang in Briefen*, Bd. I, S. 80.
26 Brief an Constantin Brunner vom 18. 1. 1905; ebenda, S. 130.

mal hab ich den Wunsch, so zu leben, daß ich garnichts mehr zu sagen weiß.«[27]

Wie er Hedwig Lachmanns kleines Prosabuch über Oscar Wilde las, das in der von Paul Remer herausgegebene Reihe *Die Dichtung*[28] erschien, ist leider nicht überliefert. Hier bewegt sich Hedwig Lachmann auf einem Terrain, das seinem sehr nahe kam. Sie schreibt nämlich als »Dichter«: »Wie in einer tragischen Dichtung aus Anlagen und Verhältnissen das Geschick des Helden mit gradliniger Folgerichtigkeit herausrollt, so, als wäre es von einem Dichterhirn ersonnen und in die Welt gestellt, spielt sich das Leben Oscar Wildes ab.« Hedwig Lachmann dichtet gleichsam Wildes Leben, indem sie zeigt, wie Wilde sein eigenes Leben dichtet, ein »mit eigener Hand aus Traumtiefen in Wirklichkeit gehobenes Phantasiewerk, dem sein Urheber bis in die Irrgänge grausamster Seelenmartern mit gelassen zuschauenden Blicken folgt«.[29]

Diese Spiegelung von Dichtung und Leben vollzieht sich in Prosatexten, sie bedarf offenbar diskursivierender Momente, damit sie darstellbar wird. Hedwig Lachmann selbst ist diese Spiegelung verwehrt. Aus »Anlagen und Verhältnissen« rollt kein Dichterleben, sondern eher Bruchstücke und Fragmente, die sich nicht zum Ganzen fügen. »Ich bin ein Weib, zag, furchtsam, feig wohl gar«, nennt sie es einmal. Andere Gedichte sprechen von einer Spaltung, wie sie eine schwangere Frau erlebt: »Eine Mutter denkt: Kind in meinem Schoss ...«[30]

Aber nicht Mutter oder Weib stiften einen Zusammenhang, den man Leben nennen könnte, sondern der Vater. Hedwig Lachmann ist die Tochter ihres Vaters, in dessen Namen sie schreibt. Nach seinem Tod widmet sie ihm ein Gedicht *An meinen Vater*, und mit diesem eröffnet Gustav Landauer die Sammlung von Gedichten Hedwig Lachmanns, die er nach deren Tod herausgab:

> Nun weih ich dir im Tode,
> Was sich mir im Gemüt
> Allmählich wie Kleinode
> Gehärtet und geglüht.

27 Brief vom 24. 5. 1901; ebenda, S. 89.

28 In dieser Reihe haben außer Hedwig Lachmann noch folgende Frauen geschrieben: Ricarda Huch über Gottfried Keller, Alberta von Puttkamer über d'Annunzio, Gabriele Reuter über Marie von Ebner-Eschenbach und Anselma Heine über Maeterlinck.

29 Hedwig Lachmann, *Oscar Wilde*, Berlin-Leipzig [1904], S. 7.

30 *Erwartung*, in: Hedwig Lachmann, *Gesammelte Gedichte*, S. 52.

Ich sah dich oftmals sinnen,
Wenn mich dein Blick durchdrang,
Erratensbang, was innen
Noch dämmernd in mir rang.

Das fühlende Umarmen
Der Welt in ihrem Sein,
Am Irdischen Erwarmen –
Wir hatten es gemein.

O Geist, dahingegeben
Der dunkelsten Gewalt –
Wie sehnst du dich ins Leben,
Zurück in die Gestalt![31]

Die Aufmerksamkeit des Vater läßt Gedichte entstehen, weil er errät, was die Tochter sagen wird. Sie schreibt also nicht souffliert, wie Landauer ihr Dichten entworfen hatte, sondern antwortend. Der Vater versteht, weil sie ihm gleicht. Damit gleicht sie einer Tradition, die der Vater verkörpert: Er ist Jude. In einem anderen Gedicht wird er sogar als Repräsentant des Judentums skizziert. Es ist ein Gedicht zum Yom Kippur, trägt aber den deutschen Titel *Busstag*:

Ein Bild steigt auf aus meinen Jugendtagen.
Im Gotteshause stehen Reih an Reihe
Die Männer, Betgewänder umgeschlagen,
Sich neigend nach geheimnisvollen Riten;
Mein Vater unter ihnen singt mit Weihe
Die Bussgebete der Israeliten.

Sein Haar ist silbern, und das weisse Leinen
Der Priesterkleidung fliesst um seine Glieder.
Gewaltig drängen zu dem furchtbar Einen,
Das Licht und Wolken bläst vom Firmamente,
Und bitten und beschwören immer wieder
Die klagenden, vertrauenden Akzente.

Dann zu noch reuevollerer Kasteiung
Sinkt in die Knie die ganze Schar der Beter,
Um ihrer Busse willen der Befreiung
Aus Sünden und dem Joche der Bedränger
Erflehend von dem starken Gott der Väter.
Aufrecht steht nur der priesterliche Sänger.

31 Ebenda, S. 5.

Doch nun mit weit ausgreifender Gebärde
Beugt er das Knie zum Aufruf um Vergebung
Und legt sich mit dem Antlitz auf die Erde
Und preist den Namen, der von Sünden reinigt,
Und aus Gebet und Busse und Erhebung
Klingt seine Stimme wie mit Gott vereinigt.[32]

Diese Imagination eines väterlichen Gottes oder eines göttlichen Vaters markiert einen deutlichen Abstand zu den Frauen, die um 1800 versuchten, sich vom Judentum zu lösen. Jüdische Tradition wird nun mit dem Vater identifiziert, wodurch die Tochter mit ihrem Schreiben in die Position eines Sohnes einrückt, die sie aber nur unvollkommen einnehmen kann. Die Kette der Überlieferung von der Mutter zur Tochter, die wieder Mutter werden soll, ist durchschnitten, weshalb der Platz der Mutter in Hedwig Lachmanns Schreiben weitgehend leer bleibt. Die Mutter signalisiert Abwesenheit, während sich in der Instanz des Vaters Überlieferung und Geschichte etabliert. Der Vater garantiert die *Ewige Gegenwart* der Vergangenheit: »Um die verjährte Schmach von Urahnen sprüht / Noch Racheglut und glimmt / Im alt vererbten Geblüt.«[33]

Die Tochter des Vaters erstarrt in der Geste eines Totenkultes: Erst der Tod des Vaters initiiert das Schreiben über ihn in der genannten Kette der Gedichte, jedenfalls in ihrer Anordnung durch Gustav Landauer: Die von ihm herausgegebene Sammlung beginnt mit dem Gedicht *An meinen Vater*, und darauf folgt eine Zusammenstellung von *Sprüchen auf Grabsteinen*, darunter auch der auf Hedwig Lachmanns Grab. Es ist die letzte Strophe des Gedichts *An meinen Vater*. Der Totengesang für den Vater wird also zum Testament der Tochter – eine Überlieferung, die zu sich selbst zurückgekehrt ist. Hedwig Lachmann – ein Endpunkt, kein Anfang. Das postume Buch, dessen Autornamen in der Korrespondenz mit dem Namen des Vaters erstarrt, ist wie eine Grabinschrift konzipiert und löst damit die Arbeitsehe auf. Dieses Buch als Grabmal ändert auch den Status von Gustav Landauers Na-

32 Ebenda, S. 81f. Drei weitere Gedichte sind der Erinnerung an den Vater gewidmet, vgl. *Ein Gedenkblatt*, ebenda, S. 66, *Verwandlung*, ebenda, S. 69, wo es in der dritten Strophe heißt: »Und meines Vaters Bild enttaucht den Gründen / Der Ewigkeit, so wie ich ihn gekannt; / Und ob darüber Jahre auch vergingen, / Bin ich oft jäh in seinen Kreis gebannt«, sowie *Abstammung*, ebenda, S. 59.

33 Ebenda, S. 75.

men: Das Schreiben tritt zurück, und an seine Stelle rückt der Plan, am Düsseldorfer Theater Dramaturg zu werden. Landauers Engagement in der Münchner Räterepublik durchkreuzt diese Absicht – in München wurde er ermordet.

Die Verknüpfung »Hedwig Lachmanns« mit dem Namen des Vaters in der Arbeitsehe ist auch der Grund, warum dieser Name in Landauers Kozept des »Frauendenkens« keinen Platz finden kann. Dieses richtet sich an eine Zukunft und ist außerdem als Qualität allein denkender Individuen konzipiert, deren Texte durch Lesen und Antworten, nicht aber in der Konstellation der Arbeitsehe miteinander verbunden sind. Am 19. 3. 1913 schreibt Gustav Landauer an Martin Buber: »Darum haben wir noch kein rechtes Menschendenken, weil das Frauendenken noch nicht seinen starken Anteil hat [...]. Ist um des Menschendenkens willen ein stärkeres Hervortreten des Elements des spezifischen Frauendenkens in diesem Menschendenken zu erwarten und zu wünschen? Und da sage ich: Ja, ich gewahre etwas der Art mit Freude, gewahre es in Goethe und seinem Iphigenienreich, das in all unserer Kultur im Werden ist, in ..., in mir, der dabei männisch genug ist, in Ihnen, gewahre es in Rahel, Bettine, Margarete Susman usw. Die alle sind Menschtuende, Einheittuende, Ganze, weil in ihnen das Frauendenken lebendig ist und weil sie Einmalige sind.«[34] Hedwig Lachmann und Paula Winkler sind beide nicht einmalig, denn sie heißen auch Hedwig Landauer und Paula Buber. Sie sind aus diesem Konzept des Denkens ausgeschlossen, das nur Frauen integriert, die die Namensregelung des 19. Jahrhunderts auferlegt bekommen oder in einem Namen schreiben, den ihnen kein Vater und kein Ehemann streitig macht. Das »Frauendenken« meint bezogen auf schreibende Frauen ausdrücklich nicht literarisches Schreiben – das bleibt in diesem Konzept Goethe vorbehalten –, sondern ein Schreiben, das im Changieren zwischen Genre und Geschlecht in essayistischen Texten darstellbar ist. Die Überwindung der Trennung von literarischen und theoretischen Schreibweisen in den Texten der »Einheittuenden« streicht die Arbeitsteilung um so deutlicher heraus, in der sowohl Buber als auch Landauer schreiben. Ihre Frauen gehören nicht zu den »Einheittuenden«, sondern

34 *Gustav Landauer. Sein Lebensgang in Briefen*, Bd. I, S. 436. Zu dieser Diskussion vgl. Norbert Altenhofer, *Martin Buber und Gustav Landauer*, in: *Martin Buber. Internationales Symposium zum 20. Todestag*, Bd. II, hrsg. von Werner Licharz und Heinz Schmidt, Frankfurt/Main 1989, S. 150-173, vor allem S. 166ff.

sind in einem Konzept des Komplementären auf das Verfassen von »Dichtung« beschränkt. So antwortet auch Buber auf Landauer. Nach dem Disput über das »Frauendenken«[35] lüftet er Landauer gegenüber das Pseudonym seiner Frau. Im Brief vom 9. 8. 1913 aus Tölz heißt es: »Wie Sie sich vielleicht erinnern werden, fragten Sie mich auf unserem letzten Spaziergang nach Georg Munk. Ich antwortete Ihnen in ähnlicher Weise wie ich – aus einem Grunde, den Sie bald begreifen werden – alle Fragen nach G. M. zu beantworten pflege; nur nicht mit der gleichen Sicherheit wie den andern gegenüber, und infolgedessen verkehrt. Ich merkte gleich nachdem ich gesprochen hatte, daß es verkehrt war, und nun stimmte etwas zwischen mir und Ihnen nicht, aber ich konnte es im Augenblick nicht gutmachen. Um es gutmachen zu können, habe ich inzwischen von meiner Frau das Einverständnis erbeten und erlangt, Ihnen ganz persönlich die Tatsachen ihrer Identität mit G. M. mitzuteilen.«[36]

Georg Munk – auch dieser Name signalisiert eingegrenztes Schreiben, wie sich zeigen wird.

Hedwig Landauer und Hedwig Mauthner

Hedwig Lachmanns Briefwechsel mit Hedwig Mauthner könnte man als Versuch lesen, die Einschränkung der Positionen von Tochter und Ehefrau zu überschreiten. Eine Korrespondenz, die in grundsätzlichen Konflikten kulminiert und endet, nach einer Phase, in der für kurze Zeit ein Antworten auf die Arbeiten der anderen möglich war: »Liebe Hedwig«, schreibt Hedwig Landauer am 2. Oktober 1912, »Dein Büchlein hat mich so gefreut, als es mir in seiner kraftvollen und sicheren Darstellung gefallen hat. Du bist eine geborene Erzählerin.«[37] Ein Aufsatz Gustav Landauers löst ein Jahr später den Konflikt aus: »Willst Du bitte Deinem Mann sagen«, schreibt Hedwig Mauthner an Hedwig Lachmann, »daß mir sein Aufsatz über das Judentum[38] viel gesagt

35 Vgl. Martin Buber, *Briefwechsel aus sieben Jahrzehnten*, Bd. I, S. 323-326.

36 Ebenda, S. 432.

37 *Gustav Landauer. Sein Lebensgang in Briefen*, Bd. I, S. 421. Das »Büchlein« ist Hedwig Straubs *Rupertsweiler Leut'* von 1912.

38 Gemeint ist Landauers Aufsatz *Sind das Ketzergedanken?* in: *Vom Judentum*, hrsg. vom Jüdischen Studentenverein Bar Kochba, Prag 1913.

hat, aber doch noch nicht ganz das Versprochene geleistet hat [...]. Aber ich hab' nun überhaupt kein Verständnis für Rassefragen, ich weiß auch nicht, wie und was es ist, ein ›Germane‹ zu sein. Ich weiß nur, was ich ein Mensch sein nenne.«[39] Darauf antwortet Gustav Landauer, an den der Brief indirekt auch gerichtet ist – aber nicht an Hedwig, sondern an Fritz Mauthner. Daß Judentum mit »Rasse« zu tun habe, weist er zurück: »Von Rassen weiß ich übrigens nichts; bloß von Wirklichkeiten.«[40] Auch Mauthner entkoppelt diese Konnotation und rückt das Judentum in einen anderen Kontext. Für ihn bezeichnet »jüdisch« eine Denkweise: »Ich fühle mich nur ein Deutscher; weiß dabei, daß mein Gehirn irgendwie einen Ductus hat, den man jüdisch nennt.«[41] Landauer daraufhin: »Ich für meinen Teil finde nicht so viele in die Jahrtausende zurückgehende Gemeinschaften in unserer Zeit, daß ich auf eine verzichten möchte. Und eine Gemeinschaft, die man – mit Deinen Worten – an einem ›Duktus im Gehirn‹ erkennt, ist eigentlich Wirklichkeit genug. [...] Was die Menschheit angeht, mit der Deine Frau kommt, so wird die Menschheit den differenzierenden Nationen und anderen natürlich-gesellschaftlich-geschichtlichen Gemeinschaften so wenig etwas anhaben, wie die Säugetierigkeit die Menschheit austilgen kann.«[42] Diese Gemeinschaften konstituieren sich in Gustav Landauers Sicht durch »Sitte und Sprache«, durch eine gemeinsame Geschichte. Jedes Individuum gehört einer Gruppe solcher Gemeinschaften an, die er »deutsch« nennt bzw. »jüdisch« oder auch »Nation«.[43] Mauthner dagegen reduziert diese Zugehörigkeiten – »ich fühle mich nur ein Deutscher« –, wodurch das »Jüdisch« -sein zu einer Eigenart wird, die möglichst bald verschwinden sollte, damit das »Deutsch«-sein durch nichts beeinträchtigt wird.

In Briefen der Frauen bleiben die Bestimmungen dieser Kategorien dagegen vage, und der Umweg über Briefe der Männer schiebt den Konflikt nur auf, den die beiden Frauen miteinander auszutragen haben. Es geht um Zugehörigkeiten und Verortungen von

39 Undatierter Brief, zitiert nach *Gustav Landauer. Sein Lebensgang in Briefen*, Bd. I, S. 449.

40 Brief vom 15. 11. 1913; ebenda.

41 Brief vom 10. 10. 1913, zitiert nach ebenda, S. 450.

42 Brief vom 20. 11. 1913, ebenda, S. 450f.

43 Vgl. Philippe Despoix, *Von der Bühne zur Geschichte: Gustav Landauer*, in: *Internationales Archiv zur Sozialgeschichte der deutschen Literatur*, 15,2 (1900), S. 146-168, hier S. 160.

zwei Schreiberinnen, deren Platz weder politisch noch theoretisch gesichert ist. Nation bzw. Volk sind deshalb Kategorien, an denen sich die Frage nach einem Ort entzündet, aber zu keiner Lösung führt. Noch einmal reagiert Hedwig Mauthner auf einen Text, doch nun ist es ein Antikriegsgedicht von Hedwig Lachmann, *Marcia Funebre*, das am 1. Dezember 1914 in *Der Sozialist*[44] erschien. Hedwig Mauthner schrieb darauf einen ablehnenden Brief über dieses Gedicht, und wieder mischt sich Gustav Landauer mit einer Antwort in den Briefwechsel der Frauen: »Dein Brief, der an meine Hedwig gerichtet ist, enthält einen Absatz, der mehr mir als Hedwig Lachmann gilt.« Es geht ihm weniger um diese Klärung als um eine Kritik an Hedwig Mauthners Schreibweise: »Wovon ich spreche, das ist, das in dem ganzen Brief von Dir selbst, von Deinem eigenen Ton, von Deiner Besonderheit, die wir lieben, nichts ist. [...] Vielleicht meinst Du, Du schriebest die Sprache des Volkes. Aber nein, Du schreibst die Sprache der Zeitungen.« Zum Schluß heißt es: »Verzeih, ich will dabei bleiben, deutsch zu denken und zu empfinden; deutsch aber heißt: deutlich, mit offenen Augen und offenem Herzen.«[45]

Hedwig Landauer – so lautet die Unterschrift – antwortet ebenfalls, allerdings in einem ungedruckten Brief, der eine andere Argumentation entwirft. Auch hier ist zunächst vom »Deutsch«-sein die Rede, doch dann vollzieht der Brief eine Wendung und postuliert eine Gleichheit der Völker: »Wenn ich mir aber überhaupt ein Bild von der menschlichen Seele zu machen suche und sehe, wie gleichwertig sie bei allen Abweichungen bei den verschiedenen Völkern ist, wie sowohl ihre elementaren Grundgefühle als auch der Kreis ihrer ideellen Vorstellungen überall die nämlichen sind, dann überkommt mich dieses Allgemeine, Verbindende, immer Unzulängliche und in seinen Offenbarungen doch so Überwältigende mit solcher Macht, daß solche Begriffe wie ›Feind‹ und ›Haß‹ kläglich davor zusammensinken. [...] Nein, die Völker sind sich nicht in Wirklichkeit feind und was jetzt als Haß von Volk zu Volk wütet, das ist gedankenlos vererbter Irrglaube, der mit allen Mitteln geschürt und in Brand gehalten

44 *Der Sozialist*, Jg. 6, Nr. 19, vom 1. 12. 1914, S. 144.
45 Brief vom 18. 12. 1914. *Gustav Landauer. Sein Lebensgang in Briefen*, Bd. II, S. 18ff.

wird.«[46] Zu dieser letzten Zeile hat Hedwig Mauthner dann auf dem Brief handschriftlich notiert: »Stimmt nur halb«.

Eine Diskussion wird daraus freilich nicht. Zu Auseinandersetzungen um eine Klärung der Kategorien von Volk und Nation, von deutsch und jüdisch gehört Öffentlichkeit. Im Briefwechsel von zwei Frauen, die über diese Fragen nicht publizieren, scheint jede Kontroverse ihren Gegenstand gleich wieder zu verlieren. Anders bei den Männern, deren Briefwechsel immer wieder von Veröffentlichungen unterbrochen werden und deshalb auch eine gewisse Dringlichkeit zeigen. Damit die Korrespondenz der Frauen weiter geht, bedarf es einer Versöhnung und das heißt eines Aufschubs: »Ich will diesen friedlichen Apfel im Schilde führen«, schreibt Hedwig Lachmann als Dank für eine Sendung mit Bodenseeäpfeln, die Hedwig Mauthner von ihrem Domizil in Meersburg im zweiten Kriegswinter nach Berlin schickte, »und den Schild schützend zwischen uns aufstellen, wenn sich je wieder ein streitbarer Sinn unserer bemächtigen sollte.«[47] Damit ist der Gegenstand des Streites verschwunden und wieder Platz für »Freundschaft« geschaffen. Die sich auch bewährt: Nach Hedwig Lachmanns Tod und dem Mord an Gustav Landauer kümmert sich Hedwig Mauthner um deren Töchter.[48]

Hedwig Straub und Fritz Mauthner

»Ich habe in meinem 61sten Jahre den Mut gehabt, zum zweiten Male zu heiraten. [...] Für heute nur so viel, daß meine Frau Dr. med., mit ihrer Kenntnis von 8 Sprachen mich bei dem schweren Buche[49] sehr unterstützt. [...] ich glaube bei dieser seltenen Frau Frieden gefunden zu haben.«[50] Nicht nur in diesem Brief an Marie von

46 Brief vom 19. 12. 1914. Fritz Mauthner Collection, AR.-B. 356, 3393. B. Briefe an Mauthner, Leo Baeck Institut, New York.

47 Brief vom 3. 11. 1915, ebenda.

48 Brief vom 15. 8. 1919. *Briefe an Auguste Hauschner*, S. 212, wo Hedwig Mauthner mitteilt, daß »die Kinder in unserer Nähe sind«.

49 Gemeint ist: Fritz Mauthner, *Wörterbuch der Philosophie. Neue Beiträge zu einer Kritik der Sprache*, 2 Bde., München 1910/1911. Joachim Kühn vermutet, daß die Arbeit am Wörterbuch »wohl nicht zuletzt dank der Unterstützung Hedwig Straubs, zügig fortschreitet«. Vgl. Joachim Kühn, *Gescheiterte Sprachkritik. Fritz Mauthners Leben und Werk*, Berlin-New York 1975. Zur Ehe und Zusammenarbeit von Hedwig und Fritz Mauthner vgl. S. 244-247, hier S. 248.

50 Brief vom 9. 5. 1910, zitiert nach ebenda, S. 246.

Ebner-Eschenbach schreibt Fritz Mauthner von dem Frieden, der durch die Heirat mit Hedwig Straub in sein Leben gekommen sei. Wie ein Schlüsselwort zieht sich der Frieden durch mehrere Briefe: »Meine Spätherbstehe, um nicht zu sagen: Greisenehe, ist wirklich ausgefallen, wie wir beide gehofft hatten: inniger Friede.«[51]

Für beide, für Hedwig Straub ebenso wie für Fritz Mauthner beginnt mit dem Zusammenleben eine äußerst produktive Zeit. Mauthners »Friede« bezeichnet also intensives Arbeiten, ein Arbeiten am richtigen Ort und in der richtigen Konstellation. Nach seinem Wegzug aus Berlin, nach kurzen Jahren in Freiburg, die nicht die erhoffte Klärung der Frage brachten, *wie* und *woran* er weiterarbeiten könne, scheint nun beides geklärt. Das Leben mit einer schreibenden Frau ermöglicht Mauthner den Abschluß seiner jahrzehntelangen Bemühungen um eine Theorie der Sprache.[52] Aber nicht in einem theoretischen Buch, wie Mauthners oben zitierter Brief andeuten könnte, sondern in einem literarischen Text mit dem Titel *Der letzte Tod des Gautama Buddha*. Dem Buch ist ein Gedicht vorangestellt, *Meiner lieben Frau* gewidmet und unterzeichnet von »F. M.«, mit Ort und Datum versehen – wie ein Brief:

> Franciscis Schülerin, des einen und andern,
> Hast du die Heiligen mir ganz nah gebracht,
> Die arm und selig über die Erde wandern,
> Wie Tierlein fromm und klug und unbedacht.
>
> Antwort Deiner christlichen Legenden
> Vernimm jetzt: Eines gütigen Menschensohns
> Selbstüberwinden, Entsagen und Vollenden.
> Nicht wahr, du hörst den Nachklang Deines Tons?
>
> Sonst wäre die Sage ungesagt geblieben;
> Wer sich kein Echo weckt, ist stumm.
> Ich habe Dir das Büchlein zugeschrieben.
> Du weißt, warum.
>
> In unsrem Glaserhäusle bei Meersburg
> Anfang September 1912[53]

51 An Maximilian Harden, 2. 11. 1912, zitiert nach ebenda, S. 247.

52 Mauthners *Beiträge zu einer Kritik der Sprache* waren 1900 bis 1902 in drei Bänden erschienen; als eine Art Umschrift dieses Werks könnte man seine Studie *Die Sprache* von 1907 ansehen, die – Gustav Landauer gewidmet – in Martin Bubers Buchreihe *Die Gesellschaft* erschien.

53 Fritz Mauthner, *Der letzte Tod des Gautama Buddha. Aus dem Märchenbuch der Wahrheit*, in: *Fritz Mauthners Ausgewählte Schriften*, Bd. V, Stuttgart-Berlin 1919, S. 3.

Gemessen an anderen Produkten von Schreiber und Adressatin wirkt das Gedicht verblüffend eindeutig: Nicht »F. M.«, aber Fritz Mauthner verfaßt als nächstes großes Werk seine Geschichte des Atheismus, und auch seine früheren Bücher stehen dem Christentum sehr kritisch gegenüber. Hier dagegen inszeniert sich der Schreiber als Übersetzer »christlicher Legenden« in einen Prosatext, der sogar noch den Widerhall der Stimme der Erzählerin bewahrt. Die »liebe Frau« ermöglicht offenbar mehrere Transformationen auf einmal: Eine Umschrift von Theorie in Literatur – Mauthner hatte seine Sprachkritik ja bereits in zwei verschiedenen Versionen vorgelegt –, und ebenso eine Umschrift fernöstlicher Philosophie und Religiosität in christliche Überlieferung. Indem Mauthner seine Stimme und die Stimme des Gautama Buddha in seinem Widmungsgedicht verschmilzt, werden Trennungen »überwunden«, die im Topos des Entsagens und Vollendens kulminieren: Fremde, im deutschen Kulturkreis damals weitgehend unbekannte religiöse und philosophische Traditionen verschwinden in Bekanntem; sie werden mit Hilfe sprachkritischer Positionen gleichsam aufgesaugt.

Mauthners Buddha-Buch – das Dokument einer doppelten Assimilation? Die emphatische Betonung christlicher Legenden überdeckt eine andere Überlieferung, die Mauthner in einer Kette von Publikationen beenden wollte: er war bekanntlich ein entschiedener Befürworter der Assimilation der Juden und lehnte zionistische Tendenzen ebenso ab wie beispielsweise Gustav Landauers oben skizzierte Auffassungen. In dieser Strategie haben Harriet Straubs Texte ihren Einsatz: Mauthners Buddha-Buch entstand in einer Arbeitsteilung mit ihren Büchern, in denen die dort getilgten Ambivalenzen selbst wieder dargestellt werden. Gerade auch bezogen auf christliche Traditionen. Harriet Straubs *Rupertsweiler Leut'* und die *Zerrissenen Briefe*, die 1912 bzw. 1913, also gleichzeitig bzw. kurz nach dem Buddha-Buch erschienen, entfalten das Christentum als disparates Erbe, wobei das Spektrum von Affirmation bis zur Ablehnung reicht. In den *Rupertsweiler Leut'* skizziert Harriet Straub eine vormoderne Welt, in der gerade die ersten Anzeichen einer Veränderung sichtbar werden. Doch da es »Frauen« gibt, werden mögliche Erschütterungen dieser fest in katholischer Tradition verwurzelten Welt wieder abgefedert: Mit gereimten Sprüchen auf den Lippen bewahren sie kranke Menschen vor moderner Medizin, die als zerstörerische Instanz imaginiert wird, oder vor Priestern, die mit ihren rationalistischen Erklärungen in prosaischer Sprache den magischen Sprüchen von Frauen unterliegen. Kommt es zu Reibungen mit der Außenwelt, in der es inzwischen »Liberale« gibt, sorgen Frauen für die Versöhnung: Der liberale Lehrer bekommt schließlich doch die Base der Pfarrköchin zur Frau, die natürlich Eva heißt.[54] In den *Zerrissenen Briefen*, einer Sammlung von monologischen und dialogischen Korrespondenzen, wird Frauen auch die andere Seite der Auseinandersetzung mit dem Christentum auferlegt. Sie repräsentieren die Kritik. In einem mit »Klara« unterzeichneten Brief wird es als »ein gar tief sitzende[r] Feind unseres Menschentums«[55] bezeichnet, und im Brief *Aus der Wüste*, den eine »Ruth« signiert, heißt es: »aber so durchseucht sind wir Europäer vom Christentum, daß wir fast keine Möglichkeit mehr haben, in ein richtiges Verhältnis zur Natur und zu unsern Mitgeschöpfen zu kommen«.[56] Der Text endet mit einer Passage, als deren Antwort das Buddha-Buch gelesen werden könnte: »Können Sie mir dagegen auch versprechen, daß ich samt meiner neueroberten Unkultur, d.h. meiner natürlichen Gott- und Pietätlosigkeit, meinem frommen Vertrautsein mit der Natur, drüben auch werde atmen und leben können, bei Euch ›Christen‹?«[57] Zwischen diesen beiden Passagen wird die mögliche Rückkehr *Aus der Wüste* an einen ungenannten Namen geknüpft, der sich unschwer als »Fritz Mauthner« entschlüsseln läßt: »Nur einen, einen einzigen habe ich lachen gehört, aus seinem dicken schweren Werk heraus (das mein armes Lastkamel nun immer mitschleppen muß, denn nur langsam kann ich es lesen), der lacht über die Worte ›Gesetze‹ und ›Zweck‹ und ›Ziel‹ und ›sollen‹ und hat den Trug, der hinter den Worten steckt, eingesehen und aufgedeckt. Das Lachen klingt mir manchmal hier in der Wüste in die große Stille hinein; und ich lausche, wie die Pferde beim unheimlichen Trommelwirbel der fernher tönt lauschen, und die Kraft, die hinter dem Lachen steckt, greift mir ans Herz. Hört man's in Europa auch, oder ist da der Tageslärm zu groß?«[58]

54 Harriet Straub, *Gertrude*, in: dies., *Rupertsweiler Leut'*, Freiburg-Basel-Wien 1988, S. 27-58.
55 Harriet Straub, *Die Lüge*, in: dies., *Zerrissene Briefe*, hrsg. von Ludger Lütkehaus, Freiburg 1990, S. 98.
56 Harriet Straub, *Aus der Wüste*, ebenda, S. 29f.
57 Ebenda, S. 31f.
58 Ebenda, S. 31.

»Meine liebe Frau« und der »eine einzige« bezeichnen also zwei Pole einer Arbeitsteilung, in der wenig Platz für Heterogenität ist. Gerade auch weil hier Geschichten und nicht etwa zwischen Narrativem und Essayistischem changierende Texte korrespondieren. Der in den Text hineingeholte Adressat bekommt dabei jeweils das aufgebürdet, was in der Geschlossenheit der narrativen Konstruktion nicht aufgeht. Erzählen bedeutet hier, Komplexes so weit zu reduzieren, bis es eine Figur repräsentieren kann. Auch der Darstellungsmodus stimmt dabei überein: In den Momenten der stärksten Reduktion wechselt Prosa in Lyrik, sei es bei den Sprüchen der Gertrude aus den *Rupertsweiler Leut'* oder bei der Widmung des »F. M.« im *Gautama Buddha*. Und so signalisieren diese Einschübe einer anderen Sprache gerade nicht eine Öffnung des Textes, sondern eine Beschränkung.

Erst nach Fritz Mauthners Tod 1923 überschreitet Harriet Straub diese Einbindung ihres Schreibens[59] und veröffentlicht nun auch literaturhistorische Skizzen sowie Essays, darunter eine Kritik an Martin Bubers *Daniel*.[60] Auch dieser Text, der *Vom Mystischen Weg und Irrweg* überschrieben ist, endet in einem Gedicht:

Sehnsucht du, Schöpferin!
Hast uns Leben geboren
lang' vor aller Geburt,
mich auch, mich noch einmal
hebe ins Licht,
aus dunkelstem Mutterschoß
binde mich los.

Sehnsucht du, Schöpferin,
zeitlos Gefesselte,
dumpf im Scheine der Zeit.
Baue den Körper dir,
baue den Körper mir,
der neu dich gebären kann,
heute und hier zu jauchzendem Sein.[61]

59 Wie aus dem bereits zitierten ungedruckten Brief Hedwig Landauers an Hedwig Mauthner vom 3. 11. 1915 hervorgeht, arbeitete letztere damals an einem Roman. Es ist mir nicht bekannt, ob er abgeschlossen wurde.

60 Vgl. die von Lutger Lütkehaus zusammengestellte Sammlung *Wüstenabenteuer. Frauenleben*, Freiburg 1991.

61 Ebenda, S. 77.

Diese »Strophen eines Liedes«, das die Ich-Erzählerin von der Vorsteherin eines arabischen Frauenklosters hörte, schließen einen Dialog dieser beiden Frauen: »Was ich sage, darfst Du nicht hören, du mußt hören, was ich nicht sage.«[62] Die Gespräche, aus denen Bubers Buch *Daniel* gebaut ist, werden durch diesen Dialog wie überschrieben, denn aus diesem werden nur zwei kurze Sätze in Harriet Straubs Essay gesetzt. Einer lautet: »Weltspannung leben, ist die hohe Probe unseres Seins.« Diesen Satz will das Ich des Textes nicht gelten lassen: »Ich möchte den Buberschen Satz [...] ohne Pathos umformen in ›Weltspannung auflösen in uns, ist der erste Schritt zum wahren Sein‹.«[63] Spannung auflösen – wie es im Dialog der beiden Frauenstimmen im Text geschieht – das bedeutet, Mehrstimmigkeit zu reduzieren, bis nur noch Eine spricht: eine Frau.

Der Maugli – Paula und Martin Buber

Im Briefwechsel[64] von Paula und Martin Buber gibt es einen Namen, den beide als Anrede für den andern benutzen: Maugli. Der kleine Menschenjunge aus Rudyard Kiplings *Dschungelbuch*[65], der allein unter Tieren lebt, deren Sprachen er lernen, deren Verhaltensweisen er annehmen muß, tritt im Briefwechsel vor allem dann auf, wenn die beiden Schreiber gemeinsam an etwas arbeiten: »Liebster Maugli«[66] schreibt Paula Buber am 19. 10. 1901 an Martin Buber, zu einer Zeit, in der sie an wichtigen Essays arbeitete. »Mein geliebter Maugli«, »Mein Herzensmaugli«[67] antwortet dieser in einer Serie von Briefen, die im Dezember 1906 entstehen. »Mein lieber Maugli«, beginnt beispielsweise ein Brief vom 1. 12. 1906 aus Berlin, »es handelt sich jetzt darum, zu ermöglichen, daß Ihr recht bald herkommen könnt. Dazu ist es nötig, die Legenden recht schnell fertig zu machen. [...] Ich selbst arbeite in einem fort. Aber auch Dich möchte ich sehr bitten, in

62 Ebenda, S. 75.
63 Ebenda, S. 68.
64 Einige Auszüge wurden gedruckt in: Martin Buber, *Briefwechsel aus sieben Jahrzehnten*, Bd. I und II.
65 *The Jungle Books* von Rudyard Kipling erschienen 1894 (Teil I) und 1895 (Teil II); eine deutsche Übersetzung wurde 1898 veröffentlicht.
66 Ebenda, S. 167.
67 Ebenda, S. 249ff.

den nächsten Tagen noch ein paar zu machen.«[68] In ihrer Einleitung zur Ausgabe von Martin Bubers Briefen erläutert Grete Schaeder, was hinter diesen Andeutungen steckt: »Briefe aus diesen Monaten [dem November und Dezember 1906] beweisen, daß ein Teil der Legenden [des Baalschem] nicht von Buber, sondern von seiner Frau aus dem Rohmaterial gedichtet wurden.«[69] Grete Schaeder vermutet weiter, daß auch *Die Geschichten des Rabbi Nachman*, die 1906 erschienen, auf diese Weise zustande kamen. Mit anderen Worten: Die Bücher, die Martin Buber mit einem Schlag bekannt machten, die Bücher, die den Namen Buber bis heute tragen, haben zwei Verfasser. Doch Paula Buber, die damals unter dem Namen Paula Winkler publizierte, wird nicht als Autorin genannt. Ebenso wie es in den Briefen nur den einen Namen Maugli gibt, mit dem sich die Korrespondenten wechselseitig ansprechen, den Namen eines männlichen Kindes, das ganz allein ist, zeichnet nur ein Autor mit seinem Namen. Dieser Name ist der des Mannes.

Die Geschichten des Rabbi Nachman hat Martin Buber seinem Großvater, dem großen jüdischen Privatgelehrten Salomon Buber gewidmet. »Mögest auch Du Dir einen großen Namen in der Welt machen. Und eine sorgenlose Zukunft Dir bereiten«[70], mit diesen Worten bedankt sich dieser bei seinem Enkel, der den Namen Buber so bekannt machte, daß er den des Großvaters überstrahlte. Paula Winkler hat keinen Platz in dieser Genealogie. Paula Winkler ist ein Autorname, der kurze essayistische Texte über das Judentum zeichnet. Reflexionen von außen, denn Paula Winkler schreibt in diesen Essays auch eine Geschichte auf, die sie nie explizit erwähnt: die Geschichte ihrer Konversion zum Judentum. Im September 1901 veröffentlichte sie ihre *Betrachtungen einer Philozionistin* und kurz darauf einen Aufsatz über *Die jüdische Frau*.[71] Eine Zeit intensivster Zusammenarbeit mit Martin Buber,

68 Ebenda, S. 249.

69 Vgl. ihr Vorwort zu Martin Bubers *Briefwechsel aus sieben Jahrzehnten*, Bd. I, S. 34-40, hier S. 38. Paula Bubers Aufgabe bei dieser gemeinsamen Produktion beschreibt Martin Buber folgendermaßen: »Vielleicht ist es Dir gegeben, die Geschichte wirklich zu *erneuern*«, ebenda S. 250, und kurz darauf: »Mir ist schon recht bange vor Deinem Urteil, aber schonen mußt Du mich darum nicht, wenn nichts los ist mit den Sachen«, S. 252.

70 Brief aus Lemberg vom 5. 2. 1905, ebenda, S. 229.

71 Beide Texte erschienen in: *Die Welt. Zentralorgan der zionistischen Bewegung;* der erste am 6. 9. 1901, der zweite am 8. und 15. 11. 1901.

wie aus einem Brief Paulas vom 19. 10. 1901 hervorgeht, wo sie schreibt: »Den Artikel [wahrscheinlich *Die jüdische Frau* – B.H.] halte ich für gut. Du hast selbstverständlich wieder jegliche Freiheit zu ändern oder zu streichen.«[72]

Der Name Paula Winkler signalisiert also ein Schreiben im Übergang, das nicht zum Namen Buber führen kann. Dieser Name, gekoppelt an den Vornamen Martin, wurde Schritt für Schritt zum Synonym einer Vermittlung von Jüdischem und Deutschem, von Osten und Westen. Auf dem Weg zu dieser neuen Schreibweise mußte einiges ausgeschieden werden: Um 1901, zu der Zeit also, als Paula Winkler die Essays über ihr Verhältnis zum Judentum veröffentlichte, verabschiedete sich Martin Buber vom wissenschaftlichen Schreiben und entschloß sich, die begonnene Habilitationsschrift nicht fertigzustellen. In einem Brief an Paula Buber vom 28. 7. 1901 heißt es: »Du mußt verstehen, Liebste, daß dies eine Sache auf Leben und Tod ist. Es handelt sich nicht einfach um meine Kunst: wenn ich mich gehen lasse, verkomme ich – das steht fest: dann kann ich mich als Privatdozent und überhaupt als anständiger Mensch weiter entwickeln; mit dem Machen von lebendigen Dingen ist es zu Ende.«[73] Doch sogar dieses Schreiben »auf Leben und Tod«, ein künstlerisches Schreiben also, wird kurze Zeit später verworfen. Martin Buber wird nicht der Name eines Dichters, vielmehr wird diese Art des Schreibens nach den beiden gemeinsamen Büchern mit Paula Buber ganz auf der Seite der Frau lokalisiert. Martin Buber dagegen praktiziert schweifende Schreibwechsel, die an keine Institution mehr gebunden sind. Dieser Abschied vom Konzept der Dichtung und der Übergang zu den unterschiedlichsten Genres und Überlieferungsformen wird gerade dadurch möglich, daß Paula Winkler nicht mehr auf demselben Terrain schreibt wie Martin Buber, der Theoretiker des Judentums, sondern daß nun »Georg Munk« – das Pseudonym, unter dem Paula Buber ihre literarischen Arbeiten publiziert[74] – den verabschiedeten Teil des Schreibkonzepts auf sich nimmt und – dichtet.

72 Martin Buber, *Briefwechsel aus sieben Jahrzehnten*, Bd. I, S. 168.

73 Ebenda, S. 159.

74 Aus einem Brief Theodor Herzls vom 20. 12. 1901 an Martin Buber läßt sich die Vermutung ableiten, daß Paula Winkler mit diesem Namen auch Erzählungen unterzeichnen wollte. Buber hatte offenbar Texte seiner Frau an die Neue Freie Presse geschickt, die Herzl aber ablehnte. Er schrieb am 20. 12. 01: »Paula Win-

Georg Munk und Martin Buber – erst diese Namen bilden die Konstellation einer »geglückten« Arbeitsehe, in der das schweifende und von keiner Institution regulierte Schreiben des Mannes von einer dichtenden Frau gestützt wird. Sogar über Paula Bubers Tod hinaus. Drei Jahre später stellt Martin Buber eine Auswahl von Texten zusammen, die er unter dem Titel *Geister und Menschen* und mit der Autorbezeichnung Georg Munk veröffentlicht. Im Vorwort, das selbstverständlich mit Martin Buber gezeichnet ist, heißt es: »In diesem Band habe ich drei Erzählungsbücher meiner 1958 verstorbenen Frau (Mädchenname: Paula Winkler, Schriftstellername: Georg Munk) [...] vereinigt. Sie gehören zusammen. Wodurch sie zusammengehören, habe ich in dem Titel dieses Buches auszudrücken versucht.«[75]

Die verstorbene Frau scheint in Bubers Lektürevorschlag das »und« im Titel zu verkörpern – eine vermittelnde Position, zwischen Geistern und Menschen, beiden zugehörig und deshalb in keiner der beiden Welten ganz zu Hause: »Daß sie aber das Unheimliche, uns Unheimische, das ihr entgegentrat, ohne Scheu aufnahm, kam aus der Urbeschaffenheit ihres Wesens. Sie wußte um das Elementarische von ihrem eigenen Grund aus. Dort war sie selber ›die salige Frau‹, die sich in die Brüchigkeit des Menschenhauses gewagt hat. [...] Sie war ein erzählerischer Mensch, einer von jenen, denen Bilder zu Begebenheiten werden und Begebenheiten zur Abfolge eines erzählten Lebens.«[76]

Die salige Frau ist der Titel einer Geschichte von Georg Munk, die 1912 zum ersten Mal im Geschichtenkreis *Die unechten Kinder Adams* erschien. Ein »falscher« Titel – denn das Buch handelt von den unechten Kindern Evas. Während Adam seine unechten Kinder mit Wesen aus der Luft zeugt, zeugt Eva die ihren mit »Dämonen der Erde«, »die aus den Erdspalten zu ihr aufstiegen und statt auf Füßen auf blanken Sicheln durch die Halme rauschten«.[77] Eva war der Name, den Paula und Martin Buber ihrer Tochter gegeben hatten, die im gleichen Jahr geboren wurde, in

kler ist ein großes Talent [...] Die Cholerageschichten sind aber zu düster für die N[eue] Fr[eie] Pr[esse]. Sie soll etwas Helleres mit der gleichen Kunst schreiben und es wird kommen.« Ebenda, S. 170.

75 Martin Buber, *Vorwort*, in: Georg Munk, *Geister und Menschen. Ein Sagenbuch*, München 1961, S. 7f.

76 Ebenda, S. 8.

77 Georg Munk, *Die unechten Kinder Adams*, Leipzig 1923, S. 5.

welchem Paula Buber mit der Niederschrift dieser Geschichte begann.

Unechte Kinder haben keine richtigen Namen, und so ist auch die Geschichte der *Saligen Frau* die Geschichte einer namenlosen Frau, die – mit einer Sichel in der Hand den Tod repräsentierend – kurz in das menschliche Leben eintritt: Ein Bauer, dem Braut, Schwester und Bruder und zuletzt auch noch die Mutter von der Pest geraubt wurden, macht sich eines Nachts nach langen, dumpf verdämmerten Tagen auf, sein Feld zu ernten. »Da, aus vertieftem Schweigen der Mitternacht, rührte undeutbar ein feindselig-geheimes Raunen ihn an. [...] Furcht überrann ihm mit einem Atemzug, milderte sich und schwand im Rausch der Arbeit wieder. Bangen überfiel ihn neu und ward mit einem Mal besänftigt im Gefühl einer holden Gegenwart, die alles Drohende besiegte. Betroffen wandte er sich und sah eine Spanne hinter sich auf dem Felde ein hohes, zartes Geschöpf, in seiner Gestalt den Töchtern des Tales durchaus ungleich, die Ähren, die seiner Sichel gefallen waren, zu Garben binden.«[78] Zwei Tage später trifft er die Frau gegen Mittag wieder, »da griff er [...] ihre Hand, noch ehe sie zur Arbeit sich beugte, und führte die Willige an die Schwelle seines Hauses.« Bevor sie mit ihm hineingeht, bittet sie ihn in einem Gedicht, nie an ihr Geheimnis zu rühren:

Namenlos komm ich dir zu,
Losgemacht werd ich dir eigen,
Hüte die Wagende du,
Hege die Freie im Schweigen.

Abgewandt ewigem Bann,
Bindenden Namen entwoben,
Namenlos komm ich dir an,
Losgemacht mich zu geloben.

Nichts kann die Mutter allein,
Willst du nicht selber mich geben –
Hüte die Wagende fein,
Hege die Freie zum Leben![79]

Lange hält sich der Bauer Ulrich an das Gebot, die Frau nicht nach Namen und Herkunft zu fragen. Doch eines Tages rastet er im Garten eins längst verlassenen Klosters weit oberhalb seines Ho-

78 Ebenda, S. 221.
79 Ebenda, S. 224f.

fes. Er schläft ein und träumt, daß drei Frauen sich zu ihm setzen und zu singen beginnen. Er »verstand aus der süßen Klage, daß die drei wilde Fräulein sein müßten, die das Volk die Saligen nennt, ein holdes Geschlecht, das unter den hohen Felsen ein unschuldiges, flüchtiges Leben lebt«. Im Gespräch der Frauen fällt der Name der Frau, die bei ihm lebt, den er aber sofort wieder vergißt.

Erst in einer Nacht, in der er von einer Bauernhochzeit im Nachbarhof zurückkehrt, schreckt er aus einem Traum auf und erinnert sich plötzlich: »In seiner dumpfen Not rief er sie an: ›Gertraud!‹ und rüttelt an ihrer Schulter.« Die Frau stürzt »einen einzigen großen Wehschrei ausstoßend«[80] davon und verschwindet. Erst in seiner Sterbestunde sieht er sie wieder – in ihrem grünen Kleid, die Sichel in der Hand, steht sie an seinem Bett. Sie ist der Tod.

»Nichts kann die Mutter allein« – mit dieser Gedichtzeile kommt eine Instanz in die Geschichte, die den Mann schließlich dazu bringt, den verborgenen Namen der Frau auszusprechen. Die »salige Frau« ist unfruchtbar wie alle unechten Kinder Evas; sie kann nicht Mutter werden. Als der Mann auf der Bauernhochzeit ein Mädchen trifft, ein Weib, wie sie auch genannt wird, die Schwester der Braut, ein Wesen ohne Namen, das auch keinen braucht, weil sie Mutter werden und eine Genealogie im Namen des Mannes stiften kann, ist die Zeit der Namenlosigkeit für das Geisterwesen »Frau« vorbei. Gertraud – das ist der Name jener Frau, die in keine männliche Genealogie paßt. Gertraud – das ist nicht das Echo eines männlichen Du, sondern die Spur einer »Freien«, wie sich die Frau selbst bezeichnet hatte. Frei von Namen, Genealogien und damit auch frei von Geschichte.

Frei – wie Maugli, das Kind ohne Eltern und ohne Namen? Noch einmal die Geschichte von Maugli, von Paula Winkler und Martin Buber, von Martin Buber und Georg Munk: Am 18. 10. 1901 schreibt Paula an ihren Mann: »Ich habe einen neuen Willen, das muß ich Dir sagen, denn früher hatte ich ihn nicht: Ich möchte mit Dir für den Zionismus tätig sein, nein, ich werde es.«[81] Bubers Antwort verweist Paula Buber jedoch auf einen anderen Platz und stellt ihr eine andere Aufgabe. Am 25. 10. 1901 schreibt er ihr: »Deine Briefe sind das Allereinzigste. Außer ihnen viel-

80 Ebenda, S. 248f.

81 Martin Buber, *Briefwechsel aus sieben Jahrzehnten*, Bd. I, S. 167.

leicht noch der Gedanke, daß eine Mutter in Dir ist, der Glaube daran. Jetzt weiß ich es: ich habe immer und immer meine Mutter gesucht.«[82]

Eine Mutter und meine Mutter – eine Position wird entworfen, die Martin Buber immer nur als leer erfahren hat. Seine Eltern trennten sich, als er zwei Jahre alt war. Die Mutter sah er später nur einmal kurz wieder – sie zog nach Rußland und heiratete einen anderen Mann. Großgezogen wurde Martin Buber von seinen Großeltern. Die Elterngeneration ist damit wie übersprungen. Die Folge ist, daß Martin Buber in seinem Schreiben an das seines Großvaters anknüpft, während der Vater in der Genealogie des Autornamens keine Rolle spielt. Paula Bubers erstes Buch kann er deshalb so kommentieren: »Über das Buch haben wir uns sehr gefreut und war es ganz unnötig, selbes anonym herauszugeben.«[83] Paula Winklers Elternlosigkeit eröffnet dagegen keinen Weg zum Autornamen. Sie ist eine bzw. »meine« Mutter und damit in eine Funktion für Martin Buber gebannt, die nur in Richtung auf einen männlichen Vornamen oder ein Pseudonym überschritten werden kann, das keine Genealogie verrät: von Maugli zu Paulchen[84] und Georg Munk.

Die Anreden Maugli und Paulchen signalisieren von Bubers Seite aus einen Zwang zur Einheit im Paar, dem Paula Winkler am Anfang des Zusammenlebens noch entrinnen wollte. An »mein liebes Paulchen« schreibt Martin Buber 1915: »Mir ist gerade dazu auf meinen Spaziergängen hier oben [in Lindenfels] einiges aufgegangen, was ich Dir mitteilen will und wovon ich hoffe, daß wir darin einig seien. Dieses Einigsein in den entscheidenden Dingen ist doch etwas sehr Schönes und Großes zwischen einem Mann und seiner Frau und ich wäre glücklich, wenn es uns nun doch noch zuteil würde; der harte Weg dahin hätte dann seinen Sinn und Segen.«[85]

Eine Frau und ihr Mann – diese Umkehrung wäre wohl nicht möglich. Gegen die Hierarchie zwischen Mann und Frau hatte Paula Buber sich in früheren Briefen gewehrt. So z. B. in einem großen Brief, einer Montage aus essayistischen Reflexionen, der

82 Ebenda, S. 169.
83 Brief vom 6. 7. 1912, ebenda, S. 305.
84 1915 adressiert Buber seine Briefe an »Mein liebes Paulchen«, vgl. ebenda S. 397 und 399.
85 Ebenda, S. 399f.

auf Unterschieden besteht. Zwischen Mann und Frau, zwischen Deutschen und Juden. »Sind nicht die Gegensätze der höchste und letzte und feinste Lebensreiz? Liebt man nicht Fülle in Farbe, Form und Tönen – Fülle an Individualität? [...] Einem Todmüden gleicht die Menschheit, einem Todmüden, dem die Buntheit der Farben, die Verschiedenheit der Formen, der Abstand der Töne, der Temperatur statt Freude Schmerz bereitet [...]. Kosmopolitismus – Völkernirwana! Verwischung der Gegensätze. Verwischung der Grenzen! Ruhe! Oh nein, Gegensätze, Bewegung, Leben! Wir wollen doch nicht schlafen!«[86]

Dieser Brief rekurriert auf ein »wir«, das sich gerade Unterschieden verdankt, das Effekt von Unterschieden ist. Er scheint Raum zu schaffen für ein Schreiben, das nicht in der von Buber postulierten Einheit von Mann und Frau im Paar aufgeht. Denn Paula Buber entwirft weitere Ebenen, auf denen sich Differenz darstellen läßt. Sie spricht von Deutschen und Juden, von Theosophie und Philosophie. Ihr Text entfaltet ein Spektrum von Differenzen, die sich in rhetorischen Fragen formulieren. In Fragen, die sich in einer Antwort des Mannes nicht werden auflösen lassen. Doch Martin Buber nimmt in seinen Texten beides, Ich und Du, Frage und Antwort auf seine Seite – der schreibenden Frau bleibt da kein Raum. Nur in Widmungen bzw. Widmungsgedichten seiner Bücher wird sie noch angesprochen: So ist der ersten Auflage von *Ich und Du* als Motto ein Vers aus Goethes *Westöstlichem Divan* vorangestellt, was Grete Schaeder als eine Antwort auf Georg Munks *Sankt Gertrauden Minne* interpretiert: »So hab ich endlich von dir erharrt / In allen Elementen Gottes Gegenwart.« *Gog und Magog* widmet Buber »meiner Frau«.[87] Und in Paula Bubers Exemplar der Nachkriegsauflage der *Erzählungen der Chassidim* schreibt er folgendes Widmungsgedicht:

> Weißt du es noch, wie wir in jungen Jahren
> Mitsammen sind auf diesem Meer gefahren?
> Gesichte kamen, groß und wunderlich,
> Wir schauten miteinander, du und ich.

86 Brief vom 16./17. 8. 1899, ebenda, S. 149f.

87 Martin Bubers *Ich und Du* erschien 1923, *Gog und Magog* wurde 1943 in Jerusalem auf hebräisch und 1949 auf deutsch veröffentlicht; Georg Munks *Sankt Gertraudenminne* erschien 1921. Vgl. dazu Grete Schaeders Einleitung zu: Martin Buber, *Briefwechsel aus sieben Jahrzehnten*, Bd. I, S. 39.

Wie fügte sich im Herzen Bild zu Bildern!
Wie stieg ein gegenseitig reges Schildern
Draus auf und lebte zwischen dir und mir!
Wir waren dort und waren doch ganz hier
Und ganz beisammen, streifend und gegründet.
So ward die Stimme wach, die seither kündet
Und alte Herrlichkeit bezeugt als neu,
Sich selbst und dir und dem Mitsammen treu.
Nimm denn auch dieses Zeugnis in die Hände,
Es ist ein Ende und hat doch kein Ende,
Denn Ewiges hört ihm und hört uns zu,
Wie wir aus ihm ertönen, ich und du.[88]

Man muß das Schritt für Schritt lesen: *Gog und Magog*, das Buch, in dem Martin Buber seine Arbeit an der Umschrift chassidischer Geschichten zu einem Abschluß bringt, gerade auch deshalb, weil sie auf hebräisch veröffentlicht werden und damit in eine andere Tradition eingehen, braucht keine Mitarbeiterin mehr, die die Übersetzung dieser Kultur in deutsche Literatur mitträgt. Da Paula Buber das Buch nicht mitschreibt, wird es an sie adressiert. Im Widmungsgedicht kann schließlich das Geheimnis der doppelten Autorschaft ausgeplaudert werden, denn »Ewiges« hört ihnen beiden zu, aber keine Öffentlichkeit. »Ich und Du« ertönen aus dem Buch – so eins, als hätte auch hier der Maugli geschrieben. Ein Maugli, der seine Bücher mit *einem* Autornamen zeichnet und die Spuren einer anderen Schrift in seinem Namen löscht. Ein Maugli, der zu den Menschen zurückgekehrt ist. Zu seinen Menschen, und allein.

Georg Munk – Geschichten ohne Zeit

Paula Buber schreibt weiter auf deutsch. Sie entwirft neben Erzählungen und den genannten Prosazyklen umfangreiche Panoramen deutscher Geschichte. Zwei große Romane erscheinen nach 1945: *Am lebendigen Wasser* und *Muckensturm. Ein Jahr im Leben einer kleinen Stadt.*[89] *Muckensturm* ist ein Abschiedsbuch an Deutschland, geschrieben zwischen 1938 und 1940 in Palästina, 1953 in Deutschland veröffentlicht. Beide Romane sind lan-

88 Ebenda, S. 38.
89 Georg Munk, *Am lebendigen Wasser*, Wiesbaden 1952, und: *Muckensturm. Ein Jahr im Leben einer kleinen Stadt*, Heidelberg 1953.

ge Briefe hinein in ein Land, das beide Bubers vertrieben hat. Während *Muckensturm* eine kleine Stadt in Süddeutschland zum »Helden« hat, die sich 1933 ohne großen Widerstand den Nationalsozialisten unterwirft, zeichnet *Am lebendigen Wasser* eine Familiensaga von der Jahrhundertwende bis zum Ersten Weltkrieg, die Thomas Manns Buddenbrooks nur von ferne ähnelt. Statt Hanno Buddenbrook steht hier eine weibliche Figur im Zentrum, die als Kind Anna Schwanold, später Anna Gysbrecht heißt; statt der Geschichte eines Niedergangs wird ein Ausschnitt aus einer langen weiblichen Genealogie vorgeführt, die keine Zyklen von Auf- und Abstieg hervorbringt, vielleicht auch deshalb, weil sie sich nicht um einen Namen gruppiert. Beschrieben wird ein seltsames Geflecht von Personen und Ereignissen. Alle treten immer wieder in neue Konstellationen ein, so daß kein Handlungsfaden abreißt: Der Vater der einzigen Freundin Annas ist später der Geliebte von Annas Mutter. Ein Mann, dessen Heiratsantrag Anna ablehnt, heiratet später diese Freundin. Die Frau eines Holzschnitzers, bei der Anna nach ihren nächtlichen Ausflügen in München landet, wird später die Geliebte ihres Sohnes und Mutter seines Sohnes. Die Handlung wird skandiert von unerklärlichen und unheimlichen Begebenheiten, die sich klären, wenn dies zum Gang der Handlung nichts mehr beiträgt. Als Anna längst erwachsen ist, erfährt sie z. B. die Hintergründe für den Tod ihres Vaters, zu einem Zeitpunkt also, an dem dieses Wissen das traumatische Erlebnis der Kindheit nicht mehr auflösen kann: Der Vater hatte Selbstmord begangen, nachdem er mit der Schwester der Mutter eine Nacht verbringen wollte, die durch vielerlei Störungen nicht zustande kam. Diese Nacht ist von Vorahnungen Annas begleitet: »Also das ist Tante Luzia, stellt Anna mit Zorn und Eifersucht fest. Noch größer war sie als damals, ihre Haut war immer noch honigfarben und das Haar immer noch heller als das Gesicht. Die ewig zerzausten Zöpfe waren verschwunden, wie ein blanker Helm saß das Haar dicht um den Kopf, darunter lächelten die braunen Augen. [...] Während etwas sie zu Luzia hinzog, und sie konnte sich dieses Zwangs nicht erwehren, keimte auch etwas wie Haß in ihr auf.«[90] Diese Frau, die zwischen Mutter und Tochter ebenso wie zwischen Mutter und Vater steht und damit die Dualität dieser Konstellationen durchkreuzt, führt zur Katastro-

90 Georg Munk, *Am lebendigen Wasser*, S. 16f.

phe. Nach dem Selbstmord des Vaters heiratet die Tante Luzia einen Mann, der sie mit vielen anderen Frauen betrügt, was sie als gerechte Strafe ansieht, während Annas Mutter nach dem Tod des Vaters erst richtig zu leben beginnt.

Einbrüche von Wahnsinn und Tod bilden die Zäsuren dieser Geschichte und produzieren den Gang der Handlung. Auch bei Annas Mann Anselm, einem Archäologen, der jahrelang auf Kreta verschwindet, bis ein Verwandter Anna von Anselms Wahnsinn und Tod berichtet. Für drei Generationen von Frauen löst sich somit das Leben im Paar nach kurzem »Glück« in einzelne Leben auf, wobei jeweils die Männer verschwinden. Glückliche Ehen erscheinen als Phantasma, als Ende jeder Geschichte. Erzählbar ist aber eine »matriarchalische« Abfolge der Geschlechter, weshalb der Roman mit dem Erwachsenwerden von Annas Sohn endet. So entwirft Georg Munks Roman *Am lebendigen Wasser* eine Welt, die mit der Martin Bubers nicht mehr zu vernetzen ist. Weder thematisch noch von der Schreibweise her. Eine Welt der Vergangenheit, ohne Ankunft in einer Zukunft. Dieser Maugli ist nicht zu den Menschen zurückgekehrt.

An Paula. Richard Beer-Hofmanns Schreiben

In der Nacht, in der Richard Beer-Hofmann sein Stück *Der junge David*, das Kernstück seines unvollendeten Dramenzyklus' *Die Historie von König David*, fertigstellt, schreibt er an seine Frau Paula: »12.30 Nachts. Liebe – Liebe! Um 12 Uhr habe ich die letzten Verse die fehlen erhascht, niedergeschrieben – und so ist ›Der junge David‹ nun doch da. Liebe – was daran gut ist – das ist ja doch von Dir – und Du hast fuer ihn von Deinem Leben hergegeben soviel – und *mehr* – als ich. ›Ich dank Dir‹ das sagt nicht was ich sagen möchte, und ›verzeih mir's‹ – das sagt es ja doch auch nicht. Es muss schon ungesagt bleiben – aber Du weisst es ja doch auch so! Ich schreib es Dir nur, weil ich ja morgen früh doch heulen würde, wenn ich Dir's sagen wollte. – *Schreib* es auch, dass Du es gleich morgen früh findest, und ein Bandl bind ich drum, weil ein Brief Dich erschrecken könnte – aber eine Rolle doch eher freundlich aussieht. Dein Richard.«[91]

91 Brief vom 21. 2. 1933. Diese Korrespondenz befindet sich im Leo Baeck Institute, New York, Sammlung Miriam Beer-Hofmann-Lens, Signatur AR 7258. Die

Die gedruckte Fassung des *Jungen David* trägt folgende Widmung: »Für Paula, als ärmlicher Dank für unermeßliches Schenken.«[92] Nicht nur dieser Text, sondern Beer-Hofmanns gesamtes Werk scheint nicht nur *für* Paula, sondern in einer genauer zu bestimmenden Weise auch *von* ihr geschrieben zu sein. Blättert man weiter in dem Band mit Beer-Hofmanns *Gesammelten Werken*, dann findet man als Vorspann zur Abteilung *Verse* folgendes Gedicht:

> Vor dem Bilde Paulas
> Seien diese Verse niedergelegt,
> Die nur durch sie wurden.
> Keiner von ihnen, bevor sie kam –
> Keiner mehr, seitdem sie ging.
> New York, Frühjahr 1941[93]

Am Ende des Buches stößt man auf einen längeren Prosatext: *Paula. Ein Fragment*. Geschrieben ebenfalls in New York und dort 1949 zum ersten Mal veröffentlicht. Wie aus einem Brief Beer-Hofmanns an Hermann Weigand hervorgeht, war ihm diese Arbeit wichtiger als die Vollendung seines Dramenzyklus', obwohl »Mappen mit Realien, Dispositionen, Entwürfen des Ganzen, wie einzelner Szenen, reichlich vorhanden sind«: »Der Stoff und ich sind seit 1938 einander fremd geworden, und das einfache Aufzeichnen von Erinnerungen an meine Frau, der dürftige Versuch, ihrer Gestalt noch ein wenig Dauer zu verleihen, füllt mein Leben so sehr, dass alles Andere mir kaum wesentlich erscheint.«[94]

Wer aber ist Paula Beer-Hofmann? Und wer ist sie in Richard Beer-Hofmanns Texten? Sie war keine schreibende Frau; ein Stapel Briefe an ihren schriftstellernden Ehemann ist wahrscheinlich das einzige, was von ihrer Hand die Zeiten überdauern wird. Kein völlig stummer Ort also, aber eine Schreibposition, die nur in

Handschriften werden in box 1, folder 1-7 aufbewahrt, die Abschriften in box 7, folder 1-7. Eine Publikation des Briefwechsels bereitet Richard M. Sheirich im Verlag der Österreichischen Akademie der Künste vor. Ich danke Professor Sheirich für seine Hinweise und Anregungen.

92 Richard Beer-Hofmann, *Gesammelte Werke*, mit einem Geleitwort von Martin Buber, Frankfurt/Main 1963, S. 85.

93 Richard Beer-Hofmann, *Gesammelte Werke*, S. 653.

94 Brief vom 16. 4. 1944 aus New York, zitiert nach: *The Correspondence of Stefan Zweig with Raoul Auernheimer and with Richard Beer-Hofmann*, hrsg. von Donald G. Daviau, Jorun B. Johns und Jeffrey B. Berlin, Columbia, S. C. 1983, S. 200.

Blick auf den Adressaten überlieferbar ist. Doch dieser Adressat hat nicht nur seine umfangreichste Korrespondenz mit der Frau geführt, mit der er lebte, er hat darüber hinaus nach ihrem Tod die Skizze *Paula. Ein Fragment* wie einen großen Brief an diese zurückadressiert. In diesem Text wird Paula angesprochen und gleichzeitig in wörtlicher Rede zitiert; ihr Part ist konzipiert wie eine Rolle in einem Drama. Diese Darstellungsform prägt auch die Korrespondenz des Paares: Beide zitieren Wörter und Sätze, die wie Chiffren einer geheimen Sprache wirken und den gesamten Briefwechsel durchziehen. Auch nach Paula Beer-Hofmanns Tod baut Richard Beer-Hofmann ihre Sätze in seine ein, so daß sie ihn wie ein Kompaß durch das amerikanische Exil führen: »Meine Frau, die stets bemüht war, alles Häßliche von mir fernzuhalten, sagte: ›Sieh nur nach vorwärts und blicke nie mehr nach rückwärts‹, und daran gedenke ich mich zu halten.«[95]

Paula und Richard Beer-Hofmann – das ist also nicht die wohlbekannte Konstellation von Autor und Leserin, von Dichter und Muse. Man kann sie vielmehr als einen Mosaikstein zur noch weitgehend unbekannten Geschichte von »Frauen schreibender Männer« in diesem Jahrhundert lesen, wie sie Ulrike Edschmid zu schreiben beginnt.[96] Ein Steinchen mit neuer Form und neuer Farbe. Auch Paula Beer-Hofmann starb wie Hedwig Lachmann und Paula Buber vor ihrem Mann, und auch sie wurde von ihrem Mann überliefert, jedoch mit einer Sorgfalt und Mühe, wie sie kaum jemals ein Schriftsteller für seine Frau aufbrachte. Es galt ja nicht ein Werk zu retten, dessen Bedeutung außer Frage stand, sondern Spuren eines vergänglichen und vergangenen Lebens. Diese Arbeit verdrängte die am eigenen »Werk« und setzte sich an dessen Stelle. Durch Paula Beer-Hofmanns Tod verloren Richard Beer-Hofmanns dramatische Arbeiten, seine Übersetzungen der Legenden der hebräischen Bibel in deutsche Literatur, Motiv und Adresse. Dieser Tod suspendiert die Möglichkeit einer Vermittlung disparater Traditionen. Warum etwas weiterschreiben, das niemand mehr initiiert, das niemand mehr hört?

Paula Beer-Hofmann ist Ausgangspunkt und Adresse aller Texte, die Richard Beer-Hofmann schreibt. Wenn er nicht an sei-

95 New Yorker Staatszeitung und Herold vom 24. 11. 1939, zitiert nach ebenda, S. 231.

96 Ulrike Edschmid, *Diesseits des Schreibtischs. Lebensgeschichten von Frauen schreibender Männer*. Mit einem Vorwort von Barbara Hahn, Frankfurt/Main 1990.

nen Dramen arbeiten kann, dann schreibt er an sie: Die umfangreichsten Briefe entstehen nicht auf den Reisen, die er allein unternimmt, um ungestört arbeiten zu können, und auch nicht auf denen mit Freunden, sondern in Berlin, wo er sich mehrfach längere Zeit aufhält, um Regie bzw. Dramaturgie zu führen. An diesen ungemein angespannten und anstrengenden Tagen, in denen oft nicht einmal die Zeit für ruhige Mahlzeiten bleibt, schreibt er seitenlange Briefe an seine Frau, mit Bleistift, in großer, recht regelmäßiger Schrift. Berlin ist der Ort, an den ihm Paula nicht folgt, auch wenn sie kurz zu Premieren hinreist. Sie will ihn immer so schnell als möglich wieder in Rodaun oder in Wien bei sich haben: »Ich bin so furchtbar nervös und sehne mich so sehr nach Dir. Ich hasse Alles was Dich fernhält von mir, so lange wird das dauern, noch 4 Wochen. Der grösste Erfolg, der allergrösste, kann das nicht aufwiegen.« Und weiter zitiert sie in diesem Brief eine Geschichte, die die Tochter Mirjam erzählt hatte: »›Mama und Papa sind nach Berlin gefahren, das hier (auf mich) das ist die Schwester von der Mama, die Mama, die mit dem Papa da ist, die ist ganz anders.‹ So recht hat sie, der liebe Mensch.«[97] Beer-Hofmanns Reisen nach Oberitalien, nach Tirol etc. bewegen sich auf Bahnen, die er mit Paula vorher oder nachher ebenfalls bereist. Berlin dagegen ist sein Ort, der Ort des Theaters, der Ort eines unteilbaren »Außen«. Ein Ort, an dem die Dyade des Schreibens/Lebens gesprengt ist und deshalb schriftlich wieder eingeholt werden muß. Ein Ort, der von Wien vor allem 1918/1919 unendlich weit weg rückt und unerreichbar für das gemeinsame Leben wird. Aus Berlin schreibt Beer-Hofmann Liebesbriefe an seine Frau in kurzen Phrasen, durch Gedankenstriche gegliedert, die wie auf diese Schlußpassagen mit der Liebeserklärung hin geschrieben sind: »Ich küsse Dich, Liebste – umarme Dich – bald duck ich mich wieder in Sicherheit unter Deine Flügel – mein Liebstes Du! Dein Richard«, heißt es am 5. Juni 1930. »Leb wohl – Liebstes Du – [...] Sei hoffnungsfroh – Du – ›Froh wie's is'! – Heilige ›Frohwiesies‹! Dein Richard«, am Tag zuvor. Oft schreibt er von der Furcht, ihr mit seinem Schreiben zuviel aufzuerlegen: »Wenn ich zurückkomme, will ich anders sein – nicht wie Du es verdienst – das werde ich ja nie können – aber so – so gut, als ich es treffe. Ich umarme Dich – mein Liebstes – Liebstes. Richard.«[98]

97 Brief vom 26. 11. 1904, Sammlung Miriam Beer-Hofmann-Lens.
98 Brief vom 31. 5. 1930, ebenda.

Während Beer-Hofmanns Sommerreisen oft eine unruhige Suche nach einem Ort zeigen – wo kann er schlafen, wo kann er in Ruhe schreiben –, repräsentiert Berlin eine Ankunft. Er schreibt dort an Paula, weil er nicht an seinem Werk schreibt. Die Berliner Zeit ist wie ausgeschnitten aus dem normalen Leben; der Druck und die enorme Anstrengung des Schreibens sind genommen. In Berlin geht es um eine andere Kunst, um die Darstellung auf der Bühne, die sich deshalb so ausführlich an Paula adressiert, weil auch sie Darstellung ist: sie ist Stimme, Präsenz, Kostüm. Sie verkörpert eine Form der Produktivität, die seiner heterogen und insofern notwendig ist. Einer dieser Briefe liest sich wie eine Regieanweisung: Für ihre Reise nach Berlin im Winter 1922 ist alles bis ins einzelne geplant. Mit das wichtigste sind die Kleider: »Dein schwarzer Hut mit Paradiesreiher ist gut. Pelzkatze (Bär) mitnehmen, Ringe. Irgendeine Broche. Malachit und Onyxkette. Richtig: Die ›grosse Mode‹ – Bericht der Inhaberin eines ersten Salons, die mir antrug mich als Compagnon zu nehmen, – (Du siehst ich bin noch immer darauf stolz) – Deine Spitzengodets um den Halsauschnitt. Sonst nur Spitzen an den Ärmeln – mit kl. Samtbändchen abgeschnürt. [An dieser Stelle ist eine kleine erläuternde Zeichnung im Text – B. H.] Nimm vielleicht ein passendes Godet mit. [...] Vielleicht auch das rote Crêpe de Chine Tuch.«[99] Die Garderobe seiner Frau kennt Richard Beer-Hofmann bis ins einzelne, jeder Hut, jedes Paar Schuhe wird präzise bezeichnet. Er spaziert in ihren Kleiderschränken wie im Theaterfundus herum – Paula spielt auf seiner Bühne. Aber welche Rolle? Sicher nicht die der Hausfrau und Mutter. Denn auch um diese Belange, wie z. B. die Kleidung der Kinder oder die Ernährung, kümmert sich Richard Beer-Hofmann. Er scheint für das gesamte materielle Leben der Familie zuständig zu sein. In ausführlichen Briefen, vor allem während des Krieges, sorgt er sich darum, was sie essen werden und wo die entsprechenden Nahrungsmittel verschafft werden können. Auch Paula Beer-Hofmann organisiert das Leben der Familie, ihre wesentliche Funktion besteht aber in einem stützenden Dialog mit dem schreibenden Mann. Nicht als Leserin seiner Texte, vielmehr als Mitschreibende, weil sie um die Bedeutung dessen weiß, was da entsteht. Als Beer-Hofmann 1918 in Berlin mit der Inszenierung seines Stückes *Jaakobs Traum* große Schwierigkeiten

99 Brief vom 9. 12. 1922, ebenda.

hat, telegrafiert sie ihm: »Lass ruhig auffuehren es ist doch fast ein gottesdienst – herzlichst mirjam paula«.[100] Dieses Schreiben stützt sie: »›Denk' an nichts anderes mehr, als an Dich und Deine Arbeit. Nimm auf Niemanden mehr Rücksicht, ›lerne es‹!«[101] Sie fordert ihn auf, das zu schreiben, »was in Dir ist – und das unsterblich ist«.[102]

In einer Art symbiotischen Gemeinschaft entsteht ein Text, den Paula souffliert und Richard aufschreibt. In diesem Prozeß inszenieren sie sich wechselseitig als einzig: »Leb wohl – Liebste – Einzige – ich meine nicht ›Einzige‹ – dass nichts Anderes neben Dir ist – sondern, ›Einzige‹ – weil Gott zweimal nicht Dich schaffen kann! Ich umarme Dich – Richard«[103] Und Paula antwortet: »Nun weiß ich nichts mehr, als dass wir uns bestimmt zu lieb haben.«[104]

Beide sind ein Resonanzboden für den andern. In einem Brief Paulas heißt es: »Wenn Du froh bist, bin ich froh – und, was soll ich sagen, wenn Du verstimmt bist, bin ich traurig, und hier weiss dann kein Mensch, warum. Sei froh! damit ich es auch sein kann – denn, wer soll denn das Haus in Ordnung bringen?«[105] Und in einem anderen Brief: »Kränk Dich nur nicht, sonst muß ich verzweifeln. Bitte, thu es nicht – Du weißt, ich spür es immer.«[106]

Paula garantiert, daß Beer-Hofmanns Texte lesbar sind. Wie Hans-Gerhard Neumann gezeigt hat, passen diese in keine literarische Strömung des 20. Jahrhunderts; sie knüpfen nirgendwo an, verwerfen und erneuern nichts: »Nirgends zielt Beer-Hofmann darauf ab, mit einer Tradition zu brechen, eine Form zu sprengen, aber nirgends findet sich auch eine direkte Abhängigkeit von Vorbildern oder eine eindeutige Übereinstimmung zwischen dem überindividuell Vorgeformten und dem unabdingbar Eigenen.«[107] Und Thomas Mann notiert 1919 in sein Tagebuch: »Las abends Beer-Hofmanns Vorspiel[108] zu Ende und bin stark berührt von

100 Brief vom 23. 10. 1918, ebenda. Mirjam ist die älteste Tochter.
101 Brief vom 6. 10. 1916, ebenda.
102 Brief vom 15. 10. 1918, ebenda.
103 Brief vom 21. 5. 1930, ebenda.
104 Brief vom 5. 10. 1919, ebenda.
105 Brief vom 9. 11. 1916, ebenda.
106 Brief vom Ende November 1922, ebenda.
107 Hans-Gerhard Neumann, *Richard Beer-Hofmann. Studien und Materialien zur »Historie von König David«*, München 1971, S. 95.
108 Gemeint ist *Jaakobs Traum. Ein Vorspiel*, Berlin 1918.

dieser merkwürdig außerliterarischen, stark empfundenen, kindlich erträumten jüdischen Nationalpoesie.«[109]

Dieses Durchqueren des literarischen Kanons stellt auch die Frage nach dem »Wer schreibt?« neu. In einem Brief an Paula stellt Beer-Hofmann sie in eine kleine Geschichte gekleidet: Bei einem Aufenthalt in Berlin holt ihn eines Abends ein junger Freund ab und führt ihn »gegenüber vom Hotel [in] ein winziges pretentionsloses witziges Cabaret von jungen Menschen gemacht – eigentlich nur wie ein grosses Souterrainzimmer. Unendlich instruktiv, wohin die Kunst, die Sehnsucht der Menschen geht – eine neue Zeit – wird sie von dem unterzeichneten Joseph noch etwas wissen?«[110]

Joseph, mit dem der Herr war, »und was er tat, dazu gab der Herr Glück«, wie es im Ersten Buch Moses heißt, schreibt an Ruth, so der jüdische Name Paulas.[111] Joseph glückt das Schreiben, weil er an eine Adressatin schreibt, die selbst einen Übertritt ausführte, die zu ihm, zu seinem Judentum konvertierte und damit eine Rückübersetzung hebräischer Texte in deutsche Literatur ermöglicht. Abgesehen von einigen seiner frühen Prosatexte konzentriert sich Beer-Hofmann auf diese Umschrift, dies Umdeuten einer anderen schriftlichen Tradierung in deutsche Literatur. Er übersetzt, so wie später Martin Buber und Franz Rosenzweig übersetzen. Doch Beer-Hofmann arbeitet an einer doppelten Transformation: Aus dem Fundus jüdischer Geschichte in hebräischer Sprache in deutsche Literatur und aus Prosa in dramatische Texte. Paula und Ruth, Richard und Joseph – in diesem Netz von Positionen entstehen Texte, die Traditionen überschreiten.

109 Thomas Mann, *Tagebücher. 1918-1920*, hrsg. von Peter de Mendelssohn, Frankfurt/Main 1979, S. 174.

110 Brief vom 19. 5. 1930, Sammlung Miriam Beer-Hofmann-Lens.

111 Von dieser Namensänderung schreibt Sol Liptzin: »Ruth fascinated the Viennese Jewish poet Richard Beer-Hofmann. He saw in her the prototyp of his own wife Paula, who also came to him from afar, from an alien people and an alien faith. When she embaced her new faith, Judaism, she was renamed Ruth.« Sol Liptzin, *Reflections. Beer-Hofmanns Image of Ruth*, in: *Modern Austrian Literature* 23 (1990), S. 111-114, hier S. 111.

Im Namen des Vaters, im Namen des Mannes
Zwei Autorengenealogien – über 1945 hinaus

Ricarda Huch und Ina Seidel – um deren Texte es im folgenden gehen soll – bilden in der Literatur des 20. Jahrhunderts eine außergewöhnliche Konstellation. Ina Seidel, die Jüngere, ist eine der wenigen Schriftstellerinnen, die explizit an den Texten einer anderen anknüpft und sie in den ihren weiterschreibt. So entsteht eine literarische Tradierung, die die Vereinzelung einer schreibenden Frau aufzubrechen scheint. Ein Netz von Ähnlichkeiten prägt diese Konstellation: Familienähnlichkeiten und ähnliche Namen, ähnliche Schreib- und Leseweisen. Ähnlichkeiten aus der Perspektive der Jüngeren, die ihre eigene Biographie wie eine Wiederholung des Lebens und des Schreibens der Ricarda Huch inszeniert. Aber diese Umschrift tilgt alle Unterschiede: Die Verschiedenheiten der beiden Leben drohen in einer falschen Parallele zu ersticken, während die Texte der Überlebenden die ihrer Vorgängerin geradezu auslöschen. Um es paradox zu formulieren: Ina Seidel knüpft so weitgehend an Ricarda Huch an, daß deren Texte zur Unlesbarkeit verdammt werden. Die Wiederholung setzt sich an die Stelle des »Originals«.

Beide Schriftstellerinnen sind auf dem Weg zum Autornamen in ein ähnliches Problem verwickelt: Sie sind beide nicht die ersten und nicht die einzigen, die den Namen der Familie in einen Autornamen transformieren. Der Autorname als Ausnahme, als ein Zeichen für Unähnlichkeit, ist ihnen damit doppelt verwehrt. Während männliche Filiationen erlaubt sind – man denke an die Humboldts oder die Manns, die Webers oder die Mommsens –, während ein männlicher Vorname eine Station in diesen Genealogien bezeichnet, sind weibliche fast unmöglich. Kaum jemals trägt eine Tochter denselben Namen wie ihre Mutter, kaum jemals schreibt die Tochter einer schreibenden Mutter. In der deutschsprachigen Literatur[1] fallen mir zwei Ausnahmen von dieser Regel

1 Für die französische Literatur siehe dagegen die Geschichte der Suzanne Necker und ihrer Tochter Germaine de Staël, die Carla Hesse untersucht hat: *Reading Signatures: Female Authorship and Revolutionary Law in France, 1750-1850*, in: *Eighteenth-Century Studies* 22 (1989), S. 469-487, hier S. 477. Für die englischsprachige Literatur Mary Wollstonecraft und deren Tochter Mary Shelley.

ein: Bettine von Arnim, die zusammen mit ihrer Tochter Gisela ein Buch[2] schrieb, und Melitta Gerhard, die ein Buch über ihre Mutter Adele Gerhard veröffentlichte, mit deren Autobiographie als Anhang – eine Mischung aus einem Text der Mutter und dem Kommentar der Tochter.[3] Eine Filiation mit Voraussetzung, denn die Mutter wird als Schriftstellerin vorgestellt, die Tochter dagegen präsentiert sich selbst als Literaturwissenschaftlerin. Damit ist die eine für die Texte der anderen zuständig. Was aber geschieht, wenn sich ein weiblicher Name in eine Reihe von Autornamen mischt, die Ähnliches, zum Beispiel Literarisches, signieren? Was bedeuten zum Beispiel die Namen Ricarda Huch oder Ina Seidel, wenn »Huch« und »Seidel« auch Unterschriften für andere Werke sind? Beide teilen ihren Autornamen mit anderen; sie sind umgeben von publizierenden Vettern und Neffen (Ricarda Huch) oder von einem Onkel/Schwiegervater und einem Vetter/Ehe-Mann (Ina Seidel). Beide treten in Konstellationen ein, in der ihr Publizieren nicht nur den *einen* Namen des Autors tangiert, mit dem sie verheiratet waren, wie es etwa bei Paula Buber, Hedwig Mauthner und Hedwig Lachmann-Landauer der Fall war. Denn die Namen Huch und Seidel waren als Name anderer Autoren bereits besetzt, bevor die schreibenden Frauen ihn zu ihrem Ehenamen machten: Beide heirateten Vettern väterlicherseits, Männer also, die denselben Namen trugen wie sie selbst. Diese Ähnlichkeit bestimmt das Schreiben der beiden Frauen auf unterschiedliche Weise; sie ist keineswegs nur eine biographische Fußnote.

Ina Seidel hat diese Ähnlichkeit bezogen auf ihren eigenen Namen abgewehrt, und umgekehrt kann sie den Namen Ricarda Huchs nur in dieser Ähnlichkeit lesen. Dazu gibt es zwei Szenen, räumlich und zeitlich weit voneinander entfernt. Die erste spielt im Herbst 1941 im besetzten Paris, die zweite im Sommer 1964 in der Bayerischen Akademie der Künste in München. Einmal läßt Ina Seidel in ihrem Text einen Autor sprechen, der seinen Namen ebenfalls teilt – mit einem Bruder allerdings. Das zweite Mal spricht Ina Seidel selbst. Sie hält eine Gedenkrede auf Ricarda Huch zu deren 100. Geburtstag.

Im besetzten Paris, Herbst 1941. Ina Seidel erwartet im Restau-

2 Bettine und Gisela von Arnim, *Das Leben der Hochgräfin Gitta von Rattenzuhausbeiuns. Märchen.*

3 Melitta Gerhard, *Das Werk Adele Gerhards als Ausdruck einer Wendezeit.* Mit einem Anhang: Adele Gerhard, *Das Bild meines Lebens*, Bern/München 1963.

rant »Chez Prunier« einen Schriftstellerkollegen, der nicht wie ein deutscher Dichter aussieht, sondern seine Dame, die bereits »beim Kaviar ist«, als er endlich eintrifft, mit seiner »Kavalleristengestalt« überrascht und damit, »daß von der ganzen Erscheinung doch das unbestimmbar Bezwingende ausgeht, daß auf einen verkleideten Kalifen schließen und die Kellner strammstehen läßt«.[4] Es geht um keinen Geringeren als Ernst Jünger, »meinen officier allemand«: »Es ist schön, mit ihm durch die Straßen um die Madeleine zu gehen. Die Soldaten grüßen den Pour le mérite, daß es eine Art hat, der Hauptmann bringt die Hand kaum vom Mützenrand.« In ihr Tagebuch notiert Ina Seidel »einige Details unserer Unterhaltung«: »Wie ich mit Heinrich Seidel verwandt sei? Ein Idylliker übrigens, was ihm, Jünger, gar nicht läge. So – er sei meines Vaters Bruder – die Begabung käme also von dieser Seite. Dies mit einer Betonung, die ihre Resonanz durch die vorangegangene Bemerkung über das Idyllische erhielt.«

Daß Ina Seidel über ihren Namen auch gleich mit dem Werk ihres Onkels/Schwiegervaters identifiziert wird, daß »Seidel« also der Name von idyllischem Schreiben ist, stößt auf ihren Widerstand: »Woher eine Begabung ›komme‹ sei doch vielleicht nebensächlich der Frage gegenüber, was der Träger der Begabung mit diesem ererbten Instrument angefangen habe.« Aber dieser Einwand bleibt ungehört. Im Text heißt es lakonisch: »Auf welches Argument er nicht einzugehen beliebte.« Doch Ina Seidel schreibt offenbar nicht nur an einem fremden Werk weiter, das im Namen »Seidel« als idyllisch charakterisiert wurde, auch ihr Eigenname ist nicht der ihrige: »So – ich hätte also meinen Vetter geheiratet und darum meinen Mädchennamen behalten. Das wäre aber natürlich eine Selbsttäuschung, denn in Wirklichkeit trüge ich doch den Namen meines Mannes.« »Ina Seidel« – dieser von fremden Namen und Instanzen umstellte Name ist von Ernst Jünger nicht lesbar. Er ist immer nur auf andere Namen hin zu entziffern und öffnet keinen Raum der Lektüre.

Nachkriegsdeutschland, München 1964. In einer gegenläufigen Bewegung wiederholt Ina Seidel dieselbe Geste des Reduzierens bezogen auf Ricarda Huch. In ihrer Gedenkrede heißt es: »Wir feiern heute Ricarda, aber der Name Huch läßt sich nicht nennen, ohne das dankbare Gedenken wachzurufen, das wir auch den an-

4 Ina Seidel, *Aus den schwarzen Wachstuchheften. Monologe, Notizen, Fragmente*, hrsg. von Christian Ferber. Stuttgart 1980, S. 105 f.

deren aus dieser Familie hervorgegangenen Schriftstellern, vor allem dem einzigartigen, allzu früh verstorbenen Friedrich Huch schulden.«[5] »Ricarda« – das ist offenbar ein Teil, dessen Ganzes nur unter Einschluß anderer Texte zu entziffern ist. »Friedrich Huch« dagegen, der über einen Vor- und einen Nachnamen verfügt und damit auch über den Namen Huch als Autornamen, verweist nicht auf andere. Er ist »einzigartig«, auch wenn andere seinen Namen teilen.

Diese Geste der Reduktion wiederholt Ina Seidel mehrfach. Bereits der Auftakt ihrer Rede etabliert vor der Autorin »Ricarda Huch«, die doch Gegenstand des Gedenkens sein sollte, eine andere Autorin – Ina Seidel selbst. Die ersten Worte lauten: »Als 1924 der sechzigste Geburtstag Ricarda Huchs bevorstand, wurde ich von einer Berliner Zeitung aufgefordert, ihr im Namen meiner Generation mit einer kurzen Würdigung ihres Werkes zu huldigen.«[6] Da von diesem Text »mir heute noch einiges gültig zu sein scheint«, zitiert sich Ina Seidel im folgenden ausführlich selbst, was einen doppelten Effekt ergibt: »Ina Seidel« spricht nicht nur im Namen ihrer Generation, vielmehr *ist* sie selbst der Name ihrer Generation: Sie hat die Andere überlebt und als Überlebende die Rede über sie etabliert. Aber nicht nur die Andere. In dieser Weise über Ricarda Huch zu sprechen, bedeutet auch, daß die 40 Jahre gelöscht werden, die zwischen dem Geburts- und dem Gedenktag liegen. Als ob zwischen 1924 und 1964 nichts Einschneidendes geschehen wäre. Außer einem Ereignis, das Ina Seidel »Zusammenbruch« nennt. In dieser Bezeichnung, die Ricarda Huch für die Ereignisse im April und Mai 1945 sicher nicht gewählt hätte, geht ein Unterschied verloren: »Deutschland darf nie vergessen, was ihm Ricarda Huch dadurch geschenkt hat, daß sie in den Jahren der Verblendung und schließlich während aller Angst und Verzweiflung des furchtbaren Erwachens und des Ringens um die nackte Existenz in seiner Mitte blieb, gelassen den Zumutungen des Ungeistes widerstehend, Not und Entbehrung mit ihrem

5 Ina Seidel, *Frau und Wort. Ausgewählte Betrachtungen und Aufsätze*, Stuttgart 1965, S. 28. Ein Teil der in dieser Sammlung enthaltenen Aufsätze war bereits 1934 unter dem Titel *Dichter, Volkstum und Sprache* erschienen. Den Titelaufsatz, ein »Vortrag vor der Münchener Studentenschaft am 27. Februar 1934«, sowie Aufsätze über Moeller van den Bruck und Schaeffer wurden nicht die neue Sammlung übernommen.

6 Ebenda, S. 25.

Volke teilend.«[7] In dieser Redeweise ist Ina Seidel, die sich selbst als Sprecherin einer Generation eingeführt hatte, völlig verschwunden. »Deutschland« dagegen wird als Instanz etabliert, von der aus die Jahre von 1933 bis 1945 verstehbar werden. Verstehbar, das heißt überwunden. Und somit ist auch »Ricarda Huch« nicht etwas, das zu lesen aufgegeben bleibt; ihre Signatur ist aufgehoben im Kanon der Literatur, ohne jeden Widerhaken, wie ihn beispielsweise ihr begonnenes und nicht mehr vollendetes Buch über die Frauen und Männer des 20. Juli, den »lautlosen Aufstand«[8] bot. Überleben, so könnte man sagen, heißt in Ina Seidels Text, alle Unterschiede zu tilgen und alles in bereits Gelesenes zu überführen. Eine »weibliche« Tradierung?

Ricarda Huch

Auf einem Photo, das Ricarda Huch im Sommer 1944, kurz nach ihrem 80. Geburtstag zeigt, sieht man sie in ihrer Wohnung in Jena vor dem Fenster sitzen. Briefeschreibend, eine Feder in der Hand, an einem kleinen Tisch, der sich eher für eine Plauderstunde beim Tee als zum Schreiben eignet. Das Bild einer alten Dame, ein Bild, so unzeitgemäß wie nur irgend denkbar – Photos aus dem Jahre 1944 pflegen anders auszusehen.

Doch in diesem Bild ist die Überlieferung Ricarda Huchs komprimiert: Eine Schriftstellerin, die immer schon wie eine alte Dame wirkt, merkwürdig unzeitgemäß, eine Erscheinung, die schlecht zu dem heterogenen Werk paßt, das sie mit ihrem Namen zeichnet. Keine Spur von Arbeit, von der Anstrengung, die Schreiben bedeutet, von Quellen- und Archivstudien, ein Bild eher aus dem 19., denn aus dem 20. Jahrhundert. Ricarda Huch – eine der bekanntesten Schriftstellerinnen dieses Jahrhunderts, und doch scheinen ihre Bücher immer wieder neu aus dem Kanon des Lesbaren auszuscheren. Ihre Arbeiten liegen zwar in einer umfangreichen Werkausgabe und viele auch als Taschenbücher vor[9],

7 Ebenda, S. 47.

8 Die von Ricarda Huch gesammelten Materialien gingen ein in *Der lautlose Aufstand. Bericht über die Widerstandsbewegung des deutschen Volkes 1933-1945*, hrsg. von Günther Weisenborn, Hamburg 1953.

9 Ricarda Huch, *Gesammelte Werke*, 11 Bde., hrsg. von Wilhelm Emrich, Köln 1964-1977; Ricarda Huch, *Taschenbuchausgabe in Einzelbänden aufgrund der von*

doch wer liest Ricarda Huch, und wer knüpft an ihrem Schreiben an?

Es gibt bislang nur eine Lektürestrategie, die die beeindrukkende Vielfalt und Verschiedenheit der unter Ricarda Huchs Namen versammelten Texte zusammenfassen kann: eine biographische.[10] Nur unter der Prämisse, daß Leben und Text in einem Spiegelverhältnis zueinander stehen, war das Gesamtwerk wahrnehmbar. Andere Lektüren verweisen die Texte in die Zuständigkeit verschiedener Disziplinen: Ihre vielen Romane und Geschichten, die Biographien und autobiographischen Versuche fallen ebenso wie die Lyrik in die Zuständigkeit der Literaturwissenschaft und wurden dort selten zwar, aber doch bearbeitet[11]; die große Studie über die Romantik dagegen, kein literarischer, sondern ein literaturtheoretischer Text, hat in der Geschichte dieser Disziplin keinen anerkannten Platz.[12] Die Dissertation über die Neutralität der Schweiz während des spanischen Erbfolgekriegs, die Bücher über die Revolution von 1848, den Dreißigjährigen Krieg sowie Ricarda Huchs Alterswerk, die dreibändige *Deutsche Geschichte*, spielen in der Geschichtswissenschaft kaum eine Rolle. In den seit kurzem wieder aufgebrochenen Diskussionen um den Einsatz des Erzählens in der Geschichtsschreibung knüpft niemand an Ricarda Huchs Versuchen an. Auch die philosophischen und weltanschaulichen Essays, die während und nach dem Ersten Weltkrieg entstanden, fanden weder in der Philosophie noch in der Theologie ihren Ort. Was also bedeutet dieser Autorname, der in so unterschiedliche Terrains des Schreibens führt und nirgendwo eine Ankunft erlaubt? Ricarda Huch – eine Schriftstellerin, eine Theoretikerin, eine Essayistin, eine Historikerin? Wer schreibt in den mit diesem Namen gezeichneten Texten?

Wilhelm Emrich edierten Gesamtausgabe, hrsg. von Bernd Balzer, Frankfurt am Main/Berlin/Wien 1980-1982.

10 Hingewiesen sei auf die beiden umfangreichsten Biographien von Marie Baum, *Leuchtende Spur. Das Leben Ricarda Huchs*, Tübingen ⁴1964 sowie von Else Hoppe, *Ricarda Huch. Weg – Persönlichkeit – Werk*, Stuttgart ²1951. Ebenfalls biographisch ist das neueste Buch über Ricarda Huch von Stefanie Viereck, *So weit als die Welt geht. Das Leben der Ricarda Huch*, Reinbek 1990.

11 Vgl. die Bibliographie von Arbeiten über Ricarda Huch von Bernd Balzer im 11. Band der *Gesammelten Werke*, S. 585-699, sowie die Bibliographie von Hans Werner Peter in den *Studien zu Ricarda Huchs Leben und Werk* 1 (1988), S. 121-126.

12 Eine Ausnahme bildet Karl Heinz Bohrers Studie, *Die Kritik der Romantik*, Frankfurt am Main 1989, vgl. vor allem S. 276-283.

Ricarda Huchs Arbeiten lassen sich als Paradigma einer neuen Konstellation des Schreibens lesen, in denen das Geschlecht des Autors nicht mehr das Genre bestimmt. Das beginnt bereits mit der Dissertation: Bekanntlich gehörte Ricarda Huch zur ersten Generation von Frauen, die ein Hochschulstudium absolvierten und somit Zugang zu akademischem Schreiben erhielten. Viele Studentinnen, die ebenso wie Ricarda Huch aus anderen Ländern in die Schweiz kamen und dort studierten, wählten ein Thema für ihre Abschlußarbeit, das ihr Heimatland zum Gegenstand hatte.[13] Ricarda Huch dagegen erwies mit ihrer historiographischen Dissertation dem Gastland ihre Referenz. Man kann diese Themenwahl auch als Zeichen eines Abschiedes und einer Entfernung lesen, nicht nur von Deutschland, sondern auch von seiner Geschichte. Denn diese Arbeit ist die erste Publikation, die Ricarda Huch mit ihrem Namen zeichnet, so, als ob sie das pseudonyme Schreiben, das sie vorher praktizierte, in Deutschland zurückgelassen hätte. Ricarda Huch konnte mit ihrer historischen Dissertation gerade deshalb ihre weibliche Autorschaft etablieren, weil dieser Text schwer als Text einer »Frau« zu lesen war.

Die Signatur der literarischen Texte ist dagegen schwerer zu etablieren und schwieriger zu lesen: Ricarda Huch – ist das der Name einer Frau? Nur ein Buchstabe muß verändert werden, um den Vornamen in eine männliche Form zu transformieren: Ricardo. Diesen Namen trägt eine Figur im Roman *Aus der Triumphgasse*, ein Text, der aus der Perspektive eines männlichen Erzählers spricht. Einen geradezu bedrohlichen Anklang an männliche Namen bilden aber erst Vor- und Nachname zusammengenommen, denn Träger des Namens Richard Huch prägen die Vorgeschichte der Schriftstellerin. Seit ihrem 16. Lebensjahr liebte Ricarda leidenschaftlich ihren Vetter Richard Huch, den Mann ihrer älteren Schwester Lili, den sie als dreiundvierzigjährige in zweiter Ehe heiratete. Diese unglückliche und dramatische Liebesgeschichte skizziert sie in zwei autobiographischen Aufzeichnungen als Geschichten auf der Suche nach einem Autornamen. In einem kurzen Text mit dem Titel *Richard* schreibt Ricarda Huch, daß sie für eine Erzählung, die an eine Zeitschrift geschickt werden sollte, ein Pseudonym suchte. »Ich wählte einen falschen Namen, oder wenigsten falschen Vornamen, nämlich Roderich;

13 Hingewiesen sei nur auf Rosa Luxemburgs Züricher Dissertation *Die industrielle Entwicklung Polens* von 1896.

ich erkor mir diesen Namen vermutlich, weil ich ihn schön fand.«[14]

Zusammen mit ihrer Schwester beschließt sie, daß das erste Kind von Lili und Richard diesen Namen tragen soll. Roderich Huch ist also der Name dieses Sohnes, der später auch schrieb, und das Pseudonym seiner Tante, die sich gleich im Anschluß an diese Namensgebung in den Vater des Kindes verliebt: »Es mag im Sommer gewesen sein; es war ein warmer Abend und mein Schwager war zu Besuch, um mich zu trösten, weniger durch Worte als durch teilnehmende Gegenwart.[15] Wir standen [. . .] im Garten vor dem Haus an einen Zaun gelehnt und sahen auf die Anlagen hinaus. Mein Schwager legte den Arm um mich und sah mich an. Von diesem Augenblick an liebte ich ihn. Es war ein Augenblick reinen, vollkommenen Glücks.«[16] Auch im weiteren Verlauf der Geschichte bekommt der Schwager keinen Namen, sondern wird mit seiner Verwandtschaftsbezeichnung angesprochen. Sein Name wird im Text vermieden, vielleicht auch deshalb, weil er keinen »Eigennamen« hat: Der Geliebte teilt seinen Namen mit Ricardas Vater, der ebenfalls Richard Huch hieß. Im Ort der heimlichen Liebe fallen die beiden Namen zusammen: »Mein Schwager kam auf den Gedanken, daß wir zwei des Nachts uns in den Zimmern meines Vaters träfen.«[17] Übersetzt man die Verwandtschaftsbezeichnungen mit den Namen der betreffenden Personen, wird die Grenzüberschreitung dieser Liebe handgreiflich: Richard Huch kam auf den Gedanken, daß wir zwei des Nachts uns in den Zimmern von Richard Huch träfen.

Damit ist die Kette der männlichen Genealogie geschlossen: Vater, Geliebter, Kind – alle tragen denselben Namen, der dem Richarda Huchs so weitgehend gleicht. Sie ist umstellt vom Namen des Vaters, der auch der Name des geliebten Mannes ist. Doch nicht nur Vater und Mann, sondern auch die nächste Generation, der Sohn, die Schwester verweisen die weibliche Schreiberin auf einen abgeleiteten, einen zweitrangigen Platz, der keine eigene Genealogie wird stiften können.

14 Ricarda Huch, *Richard*, in: Ricarda Huch, *Erinnerungen an das eigene Leben*, Frankfurt am Main/Berlin/Wien 1982, S. 165.

15 Ricarda Huchs erste Liebe zu einem »Referendar Mägde« war gerade zerbrochen, vgl. ebenda, S. 164 und 167.

16 Ebenda, S. 167 f.

17 Ebenda, S. 169.

Und die Frauen der Familie? Die Mutter, zu der Ricarda Huch ein schwieriges Verhältnis hatte, wie sie in ihren autobiographischen Aufzeichnungen schreibt und die dort gar als »jüngste Schwester«[18] ihrer Kinder bezeichnet wird, hat keinen Namen. Sie hinterläßt ein einziges Wort: Mimi. Ricarda Huchs Vater hatte angeordnet, daß auf dem Grabstein seiner Frau nichts weiter stehen dürfe – kein Vorname, kein Nachname, keine Daten.[19] Mimi, eine zeit- und namenlose Existenz, eine Mama, ein Wort wie aus einer Kindersprache, aber kein Eigenname, der ein Individuum bezeichnen könnte. Ricardas Schwester heißt Lili – auch sie so namenlos wie eine Lulu.

Wie konstituiert nun Ricarda Huch ihren belasteten Namen zum Autornamen? Ihr erster Roman *Die Erinnerungen Ludolf Ursleu, des Jüngeren*, mit dem sie sich mit einem Schlag »einen Namen« machte, ist eine Art Umschrift ihrer eigenen Geschichte, die keinen Eigennamen für sie bereithielt. Erzähler ist Ludolf Ursleu, der im Roman die Position von Ricardas Bruder Rudolf einnimmt, dem einzigen, der vom Liebesdrama zwischen Ricarda und Richard nicht direkt betroffen war. Im Namen des Titelhelden wurden die Namen ihrer Geschwister amalgamiert – Lili und Rudolf ergeben Ludolf, so, als ob alle drei Geschwister zusammen diesen Roman autorisieren müßten, der Ricarda aus der Familie entläßt. Die zerstörerische Liebesgeschichte, die in der Literarisierung fast in derselben Konstellation dargestellt wird wie in den autobiographischen Aufzeichnungen, erfährt im Roman eine wichtige Modifizierung. Hier stirbt die Mutter wegen der verbotenen Liebe der Tochter zum Schwager, erzählt wird also die Geschichte eines Muttermordes, den eine Tochter ausübt, die aber nicht die Erzählerin ist. Der unbeteiligte Bruder ist der Erzähler, und damit eine Figur, deren Namen Tradierung und Genealogie garantiert. In der Spannung zwischen diesem Ort des Erzählers im Roman und der Autorin, die sich mit diesem Buch einen Namen macht, wird eine prekäre Autorschaft etabliert: Im Namen des Vaters schreibt die Autorin einen Roman, in welchem die Figur,

18 Ricarda Huch, *Jugendbilder*, in: ebenda, S. 109.

19 Ebenda, S. 111. Wie Ricarda Huch an anderer Stelle schreibt, war diese Reduktion des Namens auch ein Eingriff des Vaters in das Verhältnis seiner Frau zu ihrer Mutter, die bei der Familie lebte. Dort heißt es, daß die »Großmama [...] nicht für Veränderungen von Namen oder Bei- und Necknamen war«. Ebenda, S. 89. Der Name der Mutter war Emilie.

die ihren Ort in der Familientragödie einnimmt, den Ort der Mutter auslöscht. Ein Muttermord als Preis für weibliche Autorschaft?

Bald nach diesem Abschiedsbuch an die Familie heiratet Ricarda Huch einen italienischen Zahnarzt, einen Mann also, der nicht schreibt, der keinen Namen hat, der ihr den ihren streitig machen könnte. Er heißt Ermanno mit Vornamen, und sie nennt ihn Manno – einfach Mann. Dieses Mal stiftet also kein Name und kein Kind die Liebe, sondern eine seltsame Art der Lektüre. In einem Wiener Café liest Ricarda Huch ihrem späteren Mann aus der Hand: »Das Erlebnis, das ich im Gedächtnis behalten habe, war, die braune Hand in meiner zu halten, die mir so lieb wurde und die mit keiner anderen vergleichbar war. An den Linien, die der Chiromant zunächst zu beachten pflegt, fiel einem besonders auf, daß die Herzenslinie stark und waagrecht durchging. Die meinige wendete sich in der Mitte und stieg in den Mittelfinger, der Saturn hieß; daß deutet, hatte ich gelernt, auf Naturen, die den geliebten Gegenstand an sich reißen wollen, um ihn zu besitzen, während waagerechter Verlauf eine Liebe bezeichnet, die das Geliebte beglücken will [...]. Es ging mir durch den Sinn, daß es schön sein muß, so geliebt zu werden, wie der liebt, wenn ich diese Hand richtig ausdeutete.«[20] Was sie aus seiner linken Hand liest, schreibt sie mit ihrer rechten auf. Sein Metier ist das Sprechen, und ihres das Schreiben. »Meistens war er es, der sprach, selbstverständlich immer, während er mich behandelte [er war ja Zahnarzt – B. H.]. Ich sah, selbst außerstande zu erwidern, über mir den reizenden beweglichen Mund, der mich an das Märchen von dem Kinde erinnerte, dem eine Fee verlieh, daß Perlen und Edelsteine aus seinen Lippen sprangen, wenn es redete. Die Sprache war seine Kraft und seine Lust, das eigentliche Organ seines Wesens.«[21]

Neben diesem sprechenden Mann eröffnen sich neue Räume für die schreibende Frau. In den Jahren der Ehe entstehen wichtige Romane wie *Aus der Triumphgasse* und der *Michael Unger* ebenso wie das große Buch über die Romantik. Aus Ricarda Huchs autobiographischen Aufzeichnungen erfahren wir nicht, ob Ermanno Ceconi ein Leser der Bücher seiner Frau war. Seine Arbeit als Arzt wird ausführlich geschildert, ihre Arbeit dagegen erscheint nur

20 Ricarda Huch, *Unser Mannochen*, in: ebenda, S. 264.
21 Ebenda, S. 266.

unter dem Gesichtspunkt des Broterwerbs.[22] Von der Schriftstellerin ist im autobiographischen Text nicht die Rede, vielmehr adressiert Richarda Huch ihre Reflexionen über diesen Beruf an eine Freundin, an Marie Baum, die in der Frauenbewegung eine wichtige Rolle spielte. Die Arbeitsteilung der Geschlechter – schreibende Frau und nicht schreibender Ehemann –, wie sie Ricarda Huchs Ehe mit Ceconi prägt, ermöglicht Ricarda Huch ein Schreiben in verschiedenen Genres, doch dieser Zerstreuung korrespondiert ein Ort außerhalb der Ehe, der Konstanz und Kontinuität garantiert.

Nach der Trennung von Ceconi und der Heirat mit Richard Huch gerät diese Arbeitsteilung durcheinander. Richard Huch kann eine schreibende Frau an seiner Seite offenbar nur schlecht ertragen, die einen Namen in die Öffentlichkeit trägt, der dem seinen so ähnlich ist. Während dieser Ehe entsteht um 1910 *Der letzte Sommer*. Diese Geschichte verdankt ihre Entstehung einer Wette: Richards Kinder – auch er hatte zwei Töchter und einen Sohn, in seiner Ehe wiederholte sich also die Geschwisterkonstellation, in der Ricarda Huch aufgewachsen war – diese Kinder wetten mit ihrer Stiefmutter, die auch ihre Tante ist, daß sie keinen Krimi schreiben könne. Einen Krimi könnte man als Geschichte bezeichnen, in der ein Name gesucht wird, der Name des Mörders. *Der letzte Sommer*, ein Briefroman, ist aber so aufgebaut, daß der Leser den Mörder von Anfang kennt: Im vorrevolutionären Rußland schleicht sich ein junger Anarchist als Sekretär in die Familie eines hohen Staatsbeamten ein, der für die Schließung der Universitäten als Strafe für studentischen Protest verantwortlich war. Jegor von Rasimkara, so der Name des hohen Herrn, weilt mit Frau und Kindern – zwei Töchtern und einem Sohn – auf dem Land, und dort will ihn der junge Anarchist ermorden.

Zuerst – so erfährt man – spielt er mit dem Gedanken, Rasimkara mit dem Automobil umzubringen, das die Familie gerade gekauft hat. Doch dann heißt es: »Ein andrer Einfall ist mir gekommen, von dem ich fühle, daß er ergiebiger sein wird. Ich möchte womöglich bei dem Akt selbst nicht persönlich anwe-

22 Vgl. ebenda S. 303, wo Ricarda Huch schreibt, daß sie »ja arbeiten mußte«. Vgl. auch S. 306 und 323. Erst nach der Trennung von Ermanno Ceconi bekommt das Schreiben einen anderen Stellenwert in der autobiographischen Rede. Über den Sommer 1914 heißt es: »Busi [das ist die Tochter Marietta] und die Bücher, die ich schrieb, füllten meine Zeit vollständig aus.« Ebenda, S. 335.

send sein; es müßte also eine Maschine meine Rolle spielen. Nun schwebt mir vor, daß dies eine Schreibmaschine sein könnte.«[23]

Während Lju, der junge Anarchist, den Mord auf der Schreibmaschine vorbereitet, entspinnt sich eine Liebesgeschichte zwischen ihm und den beiden Töchtern. Alle Familienmitglieder berichten zusammen mit ihm vom Fortgang der Affäre, denn das Buch ist ein Briefroman, montiert aus Briefen der drei Frauen – Mutter und Töchter – und der beiden Männer, Sohn und Sekretär. Der einzige, der nicht schreibt, ist der Vater: Herr von Rasimkara überläßt das Verfassen von Briefen wegen eines Schreibkrampfs in der rechten Hand seinem Sekretär.

Welchem Buchstaben wird nun die Rolle des Mörders zugedacht? Nicht dem a, dem e oder dem i, also Vokalen, die in jedem Text vorkommen müssen. Die Bombe wird vielmehr unter das J montiert, den Anfangsbuchstaben des Vornamens von Herrn Rasimkara, so daß sie explodieren muß, sobald dieser seinen Namen schreibt. Und die Geschichte endet dann auch – wie geplant – mit einem Brief des Herrn von Rasimkara an seine inzwischen abgereisten Kinder: »Eben tritt [Eure Mutter] hinter meinen Stuhl legt den Arm um mich und tut die nicht mehr neue, aber immer wieder gern gehörte Frage: ›Warum bist du so blaß, J...‹« – Ende des Textes.

In diesem Krimi wird nicht der Name des Mörders, sondern der Name des Vaters gesucht. Dieser Name taucht in seiner dialogischen Funktion auf, denn nicht erst die Unterschrift, die einfach »Euer Vater« lauten könnte, löst die Bombe aus, sondern ein Zitat mit Namensnennung, eine mündliche Aussage seiner Frau, der Mutter seiner Kinder, an die sich der Brief richtet. Die Mutter, die in die Handlung eintritt, beschleunigt das Ende des Vaters noch, weil sie verhindert, daß der Schreiber nicht etwa in seiner Funktion als Vater unterschreibt, sondern mit Nennung seines Namens.

Mit dieser Geschichte verabschiedet sich Ricarda Huch von Richard und seinen Kindern – die Ehe scheitert – und lebt in Zukunft allein mit ihrer Tochter.

In ihrer autobiographischen Aufzeichnung *Die Ehe mit Richard* hat Ricarda Huch das Scheitern später bearbeitet, wobei die ent-

23 Ricarda Huch, *Der letzte Sommer*, Frankfurt am Main 1977, S. 46.

scheidende Szene ausgespart bleibt – »Es ist mir nicht mehr erinnerlich, wie es zum endgültigen Bruch kam«[24] –, und in diesem Text findet sich die einzige Reflexion des Schreibens in der autobiographischen Rede. Diese betrifft aber gerade nicht den Krimi, sondern das Buch über den *Großen Krieg in Deutschland*. Hier heißt es: »So ungehemmt hatte ich mich meiner Arbeit noch nie widmen können. Ich schrieb damals den *Dreißigjährigen Krieg*; ich schrieb ihn mit einer solchen Versessenheit, als würde ich meine eigene Geschichte schreiben. Während Kriege mich durchweg langweilten, hatte der Dreißigjährige Krieg mich von jeher angezogen; er hatte mich berauscht. [...] Wie ein ungeheurer Sturm rauschte es an mir vorüber; ich brauchte meine Erregung nur auf das Papier zu übertragen.«[25]

Dieses Als-ob der eigenen Geschichte in der fremden ist deshalb so ungewöhnlich, weil in Ricarda Huchs Buch über den Dreißigjährigen Krieg das Geschichteschreiben selbst revolutioniert wird. In diesem Buch aus zahllosen Episoden, die weder aufeinander aufbauen noch sich gegenseitig kommentieren, regiert keine Instanz. Geschichte erscheint vielmehr als eine Serie von Ereignissen ohne Zusammenhang, von Wirkungen ohne Ursachen. Die Position des Erzählers ist strikt neutral, nie wird etwas erklärt oder kommentiert. Er ist kein Auctor, kein Schöpfer der Geschichte, sondern er montiert das Überlieferte – nach einer These von Bernd Balzer[26] – analog der Technik des Films. Von Szene zu Szene wechseln Schauplatz und Akteure, kurze und lange Sequenzen, dialogische und monologische Passagen. Geschichte erscheint als Effekt ihrer Darstellung.

Gilt dies auch für die eigene Geschichte, die sich Ricarda Huch mit diesem Buch im Gestus des Als-ob erschrieb? Es ist auffallend, daß Ricarda Huch nach ihren Ehen keine epischen Texte mehr verfaßte. *Der Große Krieg in Deutschland*, den sie während der kurzen Ehe mit Richard Huch begann und als alleinlebende Frau beendete, ist demnach das Buch eines Übergangs. Ein Text zwar, der sich um Figuren zentriert, der Geschichte nicht ohne Figurationen entwerfen kann, doch

24 Ricarda Huch, *Die Ehe mit Richard*, in: Ricarda Huch, *Erinnerungen an das eigene Leben*, S. 401.

25 Ebenda, S. 395.

26 Bernd Balzer, *Nachwort*, in: Ricarda Huch, *Der Große Krieg in Deutschland*, Frankfurt am Main–Berlin–Wien 1980, S. 309f.

gleichzeitig ein Text, der episches Erzählen in moderne Darstellungstechniken transformiert. Das Buch markiert aber noch einen weiteren Übergang. Nach dem Leben mit Ehe/Männern verfaßt Ricarda Huch zwar autobiographische Texte, doch diese konzentrieren sich nun bis auf wenige Ausnahmen auf ihr vergangenes Leben als Kind, als junges Mädchen, während des Studiums und in den Ehen – sie begleiten nicht mehr ihre Gegenwart als alleinlebende Schriftstellerin. Damit beibt das Genre Autobiographie auf das Leben mit dem anderen Geschlecht verwiesen.

Nachdem ihr Name nicht mehr an den eines Mannes gebunden ist, kann Ricarda Huch ihre Autorschaft auf neue Textsorten ausdehnen. Sie schreibt in Genres, in denen die Instanz des Autors auf vielfältige Weise gebrochen wird. Bücher entstehen, die untereinander in einen spannungsreichen Dialog treten: *Luthers Glaube. Briefe an einen Freund* (1916), *Entpersönlichung* (1921) und kurz darauf *Vom Wesen des Menschen. Natur und Geist*. In diesem zuletzt genannten Text entfaltet sich eine thetische Sprache, die ohne jedes Argument auszukommen scheint und eine Theorie der Einheit des Divergenten postuliert. Dabei bilden Geist, Natur und Seele – Mann, Frau und Kind – einen Dreiklang, dessen einzelne Komponenten in neun Kapiteln bestimmt werden, und zwar in Blick auf die Geschichte insgesamt, auf Völker und Individuen. Die harte Sprache dieses Buches, das fast ausschließlich aus Hauptsätzen und damit Behauptungen besteht, bildet einen Kontrast zur Sprache der beiden anderen Bücher. Das Buch über Luther ist aus der Perspektive einer liebenden Frau in Briefen geschrieben, das andere von einem nicht näher bezeichneten Ich im Dialog mit den unterschiedlichsten Diskursen. In beiden wird ein argumentierendes Schreiben immer wieder von Sprüngen unterbrochen oder von assoziativen Verknüpfungen, die die Systematik jedes Arguments wieder aufheben. Alle drei Texte kreisen um Bestimmungen der »Frau«, wobei »Frau« als Moment von Diskontinuität und Differenz wirkt, als Instanz, die nie substantiell zu fassen ist. Dies verdankt sich einer Darstellungsweise im theoretischen Schreiben, die schon der Doktorvater der jungen Ricarda Huch kritisiert hatte. »In dem Brief, den er mir darüber [über die Dissertation – B. H.] schrieb, kam eine Bemerkung vor, die ich außerordentlich fein fand, nämlich, ich bringe das Wesentliche gern in einen Nebensatz, anstatt es in den Hauptsatz zu setzen.

Dies liegt mir ersichtlich so im Blut, daß es mich Überwindung kostete, die Änderungen, zu denen er mir [...] riet, vorzunehmen. Ich fühlte mich verpflichtet, seiner Anweisung zu folgen; aber ich hatte das Gefühl, als sei ich nicht mehr ich in den verbesserten Sätzen.«[27] Wenn in Ricarda Huchs Schreibweise das Wesentliche in Nebensätzen zu finden ist, in Relativierungen, Appositionen und Einschüben, dann ist im Essay über das *Wesen des Menschen* nichts Wesentliches zu finden. In den klarsten Sätzen spricht nicht das Ich, sondern eine fremde Instanz. »Mir ist aufgefallen«, so schreibt Ricarda Huch in einem Brief an Ina Seidel, »daß es mir angeboren ist, immer zuerst das Ganze zu sehen. Ich habe es oft als Beschränkung empfunden, daß ich nie ein schönes Fragment schreiben könnte. Das hängt wohl damit zusammen, daß ich eigentlich kein scharfer Beobachter bin. Ich sehe immer das Ganze vor dem einzelnen, und das einzelne im Ganzen.«[28]

Ricarda Huchs Ausführungen zum »Wesen der Frau« ähneln den Schriften aus dem Kontext der Ersten Frauenbewegung nur scheinbar. Zwar werden Frau und Natur auf der einen Seite, Mann, Geist und Kultur auf der anderen Seite miteinander identifiziert und gegeneinander gesetzt, doch der entscheidende Unterschied besteht darin, daß Ricarda Huch diese Bestimmungen von Buch zu Buch verändert, indem sie sie von einer Schreibweise in die andere übersetzt. Die Texte aus ihrem vielfältigen Werk, die einem zeitgenössischen Diskurs, dem über *Die Frau*, am nächsten stehen, markieren gleichzeitig die größte Entfernung. Während in den kulturkritischen Essays aus dem Kontext der Frauenbewegung die dreifache Identität von Autor, Schreibweise und Gegenstand gerade im Gestus der Kritik an einer männlich dominierten Kultur affirmativ gestützt wird, sind Ricarda Huchs Texte von einer unhintergehbaren Differenz zwischen schreibendem Ich und einem möglichen Ich im Text gekennzeichnet. Während also Autorinnen mit festem theoretischen und politischen Ort die Kategorien restituieren, die im zeitgenössischen Schreiben fragwürdig oder gar zerstört werden – der Autor als Instanz, die einen Text regiert, Geschichte als schreib- und beschreibbare Zeit –, arbeiten Ricarda Huchs Texte innerhalb dieser neuen Problematiken. Wer also schreibt? Eine Frau?

27 Ricarda Huch, *Frühling in der Schweiz*, in: ebenda, S. 207.
28 Ina Seidel, *Frau und Wort*, S. 37f.

Eine Frau, so Ricarda Huch, ist im Zusammenhang mit geistiger Arbeit das Nicht-Tradierbare schlechthin. Weibliche Intellektualität erscheint somit als Symptom der Dekadenz, als Indiz dafür, daß eine Frau einen zu hohen Anteil an Negativität und Geist entwickelt hat und sich deshalb von der Natur ablöst. Der Preis für das Selbstbewußtsein der Frau bestehe im Verlust der Gebärfähigkeit. Demnach könnten Frauen, bei denen die geistige Arbeit überwiege, keine Söhne gebären, weil sie am Ende einer Entwicklung stünden. Sie können, so läßt sich diese These übersetzen, den Namen in der Genealogie nicht weitergeben, wenn sie ihn zum Autornamen machen. Indem eine Frau den Namen des Vaters nicht im Sohn, sondern im Buch überliefert, fällt sie aus dem Raster des Tradierbaren. Lebensgeschichtlich, so argumentiert Ricarda Huch, steht die geistige Produktivität einer Frau am Ende ihres Lebens, sie beginnt erst nach der Zeit des Gebärens. Stimmt das Bild von der alten, und das heißt ja auch geschlechtslosen Frau also doch? Ist Ricarda Huch als Autorin immer schon alt, eine Frau ohne Vater, ohne Mann und ohne Sohn, gerade weil sie in deren Namen schreibt? Sie selbst hat dieses mögliche Selbstbild ironisch entworfen, wenn sie über Theodor Fontane schreibt: »Aus seinen Werken spricht ein alter Mann, ja eigentlich eine alte Dame, die aus stillem Hafen auf das Leben zurückblickt, nicht ein Kämpfer, der es lebt und bändigt.«[29]

Ricarda Huch beschloß ihr Leben durchaus als »Kämpfer«, das heißt als Mann, um im Bild zu bleiben. Indem sie in den letzten Jahren ihres Lebens Material aus dem Widerstand gegen Hitler sammelte, arbeitete sie an der Überlieferung dessen, was in der deutschen Nachkriegsgeschichte das Verdrängte und Vergessene repräsentiert.[30] Auch diese Arbeit des Überlieferns zerstört eine mögliche Einheit ihres Werkes. Es fächert sich in eine Vielheit auf, die schwer an *einen* Autor zurückgebunden werden kann. Sicher nicht an einen, der sich als »Frau« kennzeichnen ließe. Ricarda Huch – ein Name, der die Identifizierung von Genre und Geschlecht, von Autor und Werk, verschiebt, verändert, durchquert.

29 Ricarda Huch, *Luthers Glaube*, Frankfurt am Main 1987, S. 148.
30 Vgl. *Der lautlose Aufstand. Bericht über die Widerstandsbewegung des deutschen Volkes 1933-1945*, hrsg. von Günther Weisenborn.

Wieder eine Fotografie. Diesmal aus dem Jahr 1931. Ina Seidel, eine Feder in der Hand, in ihrem Berliner Arbeitszimmer, das sie in ihrer Autobiographie ausführlich beschrieb. Ein Tisch, in seiner Größe nicht überschaubar, Bücher im Hintergrund, vorne ein fast leeres weißes Blatt, auf dem Ina Seidel gerade die zweite Zeile schreibt. Bildunterschrift: »*Das Wunschkind* ist beendet (1931, am Schreibtisch in Berlin).«[31] Ein inszeniertes Bild, nachträglich und ein falsches Schreiben zeigend: »Allein Gedichte sind öfters auf lose Blätter geschrieben worden«, berichtet Ina Seidels Sohn Christian Ferber, alle Prosaarbeiten finden sich dagegen in »schwarzen Wachstuchheften«.[32] Auch hier keine arbeitende Frau. Ein Bild in einer Serie von Bildern. Gleich daneben eine jüngere Frau auf einem Stuhl, der Blick aus dem Bild schweifend, nicht auf den Betrachter, sondern irgendwohin gerichtet. Unterschrift: »*Das Labyrinth* ist beendet (1921).«[33] Inszenierungen von Nachträglichkeit – Bilder einer Dichterin.

Während »Ricarda Huch« ein Name für Heterogenes, für ein komplexes Spektrum von Texten ist, denen etwas Unzeitgemäßes anhaftet, läßt sich »Ina Seidel« leicht identifizieren. Es ist der Name einer Schriftstellerin, ja mehr noch der einer Dichterin, deren Zeit die dreißiger Jahre waren, die Zeit nach dem *Wunschkind*. Ina Seidel und *Das Wunschkind* – das sind fast Synonyme. Dieser Erfolgsroman, der unzählige Auflagen erlebte und zur Pflichtlektüre von Generationen lesender Mädchen und Frauen wurde, repräsentiert Ina Seidels Werk.[34] Ihre anderen Bücher wirken dagegen wie Vor- oder Nacharbeiten zu diesem opus magnum.[35]

31 Vgl. Christian Ferber, *Die Seidels. Geschichte einer bürgerlichen Familie 1811–1977*, Stuttgart 1979, zwischen den Seiten 192 und 193.

32 Vgl. Ina Seidel, *Aus den schwarzen Wachstuchheften*, Nachwort von Christian Ferber, S. 259f.

33 Christian Ferber, *Die Seidels. Geschichte einer bürgerlichen Familie*, zwischen den Seiten 192 und 193.

34 Vgl. zuletzt auch im Sammelband *Deutsche Literatur von Frauen. Zweiter Band. 19. und 20. Jahrhundert*, hrsg. von Gisela Brinker-Gabler, München 1988, die Ausführungen von Sigrid Schmid-Bortenschlager, S. 243ff. und von Godele von der Decken, S. 285f.

35 Auf Ina Seidels literarische Entwicklung insgesamt weist dagegen Klaus Harpprecht hin: »Man kann es sich auch nicht länger leisten, Ina Seidel und ihr Werk außer acht zu lassen. Die deutsche Literatur dieses Jahrhunderts ist nicht so reich,

Die vergangene Zeit des *Wunschkinds* – vergangen, weil sie angeblich »bewältigt« wurde –, wird in anderen Büchern Ina Seidels von einer doppelten Tradierung überlagert, die sich vom Anfang der zwanziger Jahre bis kurz vor ihren Tod im Herbst 1974 spannt. Neben diesem monumentalen Buch, das wie ein erratischer Block in einem Umfeld konservativer Romane steht, läßt sich ein kompliziertes Geflecht von Texten ausmachen, die anknüpfen, weitergeben und vermitteln. Anknüpfungspunkte sind Ricarda Huchs Biographie ebenso wie ihre Texte und daneben die eigene Geschichte als Teil einer Familiengeschichte, in der sich alle Facetten deutscher Geschichte im 20. Jahrhundert spiegeln. Eine ungeheure Reduktion – trotz einer Vielfalt von Texten: In einer Kette von Büchern, mehreren Geschichten, zwei Romanen und autobiographischen Aufzeichnungen geht es immer neu um Dichtung und die Konstitution einer Dichterin, wobei das Dichten – wie sich zeigen wird –, wörtlich zu verstehen ist: Schreiben als Ausgrenzen und Abdichten gegenüber Heterogenem. Adressaten dieser Bücher sind die Eltern, die Kinder und die Enkelkinder. Fast alle der im folgenden vorgestellten Bücher tragen denn auch eine Widmung, während das *Wunschkind* ohne Widmung auskam.

Das Leben als Umschrift

Wie aus Ina Seidels *Schwarzen Wachstuchheften* hervorgeht[36], begann sie um 1911 mit autobiographischen Aufzeichnungen, die 1935 unter dem Titel *Meine Kindheit und Jugend. Ursprung, Erbteil und Weg* mit der Widmung: »Für mein Enkelkind Ina Christiane« erschienen. Eine erweiterte und umgeschriebene Fassung erschien 1970: *Lebensbericht 1885-1923*, »Meinen Enkeln und Urenkeln« zugeeignet. Ganze Passagen dieser autobiographischen Aufzeichnungen wurden wörtlich in eine Erzählung übernommen, die Ina Seidel ebenfalls in zwei Etappen veröffentlichte: *Osel,*

daß man eine Schriftstellerin von einem grandiosen und zugleich fatalen Talent ins Vergessen schweigen sollte. Täuschen wir uns nicht, sie ist auf eine chronische Weise deutsch. Die Epoche der Innerlichkeit ist nicht zu Ende, und an Machtschutz fehlt es ihr auch nicht.« *Auf chronische Weise deutsch. Klaus Harpprecht über Ina Seidel »Das Wunschkind« (1930)*, in: *Romane von gestern – heute gelesen*, Bd. 2, 1918-1933, hrsg. von Marcel Reich-Ranicki, Frankfurt am Main 1989, S. 260-268, hier S. 268.

36 Vgl. Ina Seidel, *Aus den schwarzen Wachstuchheften*, S. 14f.

Urd und Schummei. Fragmente einer Kindheitsgeschichte[37] (1950) und *Vor Tau und Tag. Die Geschichte einer Kindheit* (1962). In dieser Erzählung findet man fast dieselbe Familienkonstellation wie in der Autobiographie – auf die Unterschiede wird noch einzugehen sein. Auch das traumatische Erlebnis des Kindes Ina Seidel, der Selbstmord des Vaters, als sie zehn Jahre alt war, taucht als Schlüsselszene wieder auf. Die Erzählung variiert Ina Seidels »eigene« Geschichte allerdings so, daß sie einer Wunscherfüllung gleichkommt. Diese »Überarbeitung« beginnt bereits mit der Eröffnungsszene: »Das älteste Kind des Arztes Friedrich Holsten [...] war ein Mädchen und hieß Urd. Da seine beiden Geschwister noch, als sie schon herangewachsen waren, mit ihren wunderlichen Kinderstubennamen gerufen wurden, lag es nahe, anzunehmen, auch dies dunkele ›Urd‹ sei ein Überrest untergangsgeweihten Gestammels frühester Jahre.« Urd ist aber kein Kinderstubenname, sondern einer mit übergroßer Bedeutung, der dem Mädchen in einem komplizierten Prozeß übertragen wurde: »Es verhielt sich jedoch so, daß dieser ungewöhnliche Name der dänischen Mutter des Vaters dem ältesten Kinde regelrecht in der Taufe verliehen ward. [...] Weislich verschwiegen hatte Holsten, daß es ursprünglich der Name einer der Nornen gewesen war, dem eine vergangenheitsschwere Bedeutung innewohnte, außerdem erschien ihm selbst das nicht wichtig.«[38] Die Tochter, aus deren Perspektiven im folgenden fast ausschließlich erzählt wird, trägt damit bereits in ihrem Namen die Fähigkeit, das Schicksal anderer zu spinnen. Wie wir kurz darauf erfahren, betrifft das in erster Linie das Schicksal ihrer Mutter, die im Unterschied zur Autobiographie, in der ihr ein langes Leben beschert ist, gleich zu Beginn der Erzählung stirbt. Schon mit der Namensgebung ihrer ältesten Tochter hatte die junge Mutter nichts zu tun; sie hatte »nicht danach gefragt«, in welche Tradierung das Kind damit gestellt wurde.

In der Geschichte ist dieses Kind so mächtig, daß es auch die Namensgebung des zweiten Kinds, eines Sohnes, übernimmt: »Der Bruder Nikolaus, der Urd anderthalb Jahre später zugesellt wurde, hieß für sie ›Osel‹, und da er auf diese Anrede am besten

37 Ina Seidel, *Osel, Urd und Schummei. Fragmente einer Kindheitsgeschichte*, Gütersloh 1950.

38 Ina Seidel, *Vor Tau und Tag. Geschichte einer Kindheit*, Stuttgart 1962, S. 5.

hörte, wurde er allgemein übernommen.«[39] Das dritte Kind schließlich, eine Tochter wie in Ina Seidels Familie, dessen Geburt den Tod der Mutter bedeutet, verdankt seinen Namen der Tatsache, daß weder Vater noch Mutter in der Lage sind, es zu nennen: »Was aber Schummei betraf, die sich zwei Jahre nach Osel einstellte, so lag hier wohl eine von der Trägerin selbst übernommene Verbesserung des ihr von der Großtante Julia in einer überstürzten Nottaufe am Bett der sterbenden Mutter verliehenen Namens vor.« Seinen wirklichen Namen erfahren wir vorerst nicht, wir erfahren dagegen, daß »Minna, die Stütze des Holstenschen Landhaushaltes« auf diesem Akt bestanden habe, jemand also, der nicht zur Familie gehörte und im ganzen Buch auch nur mit diesem familiären Vornamen bezeichnet wird. Also wählt Tante Julia, »eine unverheiratete Schwester der Großmutter Magdalene« und damit jemand, der keinen Namen hat und auch keinen weitergibt, einen Namen und tauft das Kind in einem geradezu blasphemischen Akt »mit zitternder Hand im Namen des Vaters, des Sohnes und des Heiligen Geistes auf den Namen Amalie«. Amalie – das ist offenbar auch ein falscher Name, aber nicht mit »vergangenheitsschwerer Bedeutung«, wie der Name der älteren Schwester, sondern ein Name mit einer anderen Art von Vergangenheit: »... dieses Amalie, das wie ein Reifrock war, in den das winzige Ding sich hineinwachsen sollte und der nie einen Menschen näher als auf eine Elle Entfernung hin an die Trägerin heranlassen sollte.«[40] Während die eine Schwester den Faden des Schicksals knüpft, ist die andere in den Stoff und Schnitt der Mode von vorgestern gekleidet, kann deshalb nicht Schicksal spielen und muß deshalb auch im weiteren Verlauf der Geschichte mit einer unbedeutenden Rolle vorlieb nehmen.

Die Norne spinnt den Faden: Bevor das traumatische Erlebnis des Kindes Ina Seidel, der Selbstmord ihres Vaters, in der Erzählung *Vor Tau und Tag* in denselben Worten und Konstellationen geschildert wird wie in der autobiographischen Erzählung, ist die Mutter schon verschwunden. Während die Autobiographie von diesem Selbstmord ihren Ausgang nimmt, der ein Verlassen der Heimatstadt Braunschweig zur Folge hat, führt die Erzählung auf diesen Selbstmord hin, dessen entscheidenden Auslöser die Tochter im Unterschied zur Autobiographie miterlebt. Aus Versehen

39 Ebenda, S. 6.
40 Ebenda, S. 7.

eher, denn sie betritt als Schlafwandlerin den Raum, in dem das entscheidende Gespräch zwischen Vater und Großvater stattfindet, das dem Selbstmord vorausgeht.

Die tote Mutter, die auch noch bei der Geburt einer Tochter stirbt, deren Name »Schummei«, also wie geschummelt ist, ermöglicht in der Geschichte eine Vater-Tochter-Beziehung, die von keiner anderen Frau gestört wird. Urd ist bereits dreizehn, als der Vater stirbt, sie ist kein kleines Mädchen mehr, wie das Kind Ina Seidel beim Tod ihres Vaters. Sie ist – so lassen sich die Etappen der Geschichte zusammenfassen – bereits in die Rolle der Frau des Vaters hineingewachsen. Der Vater in der Erzählung hat denselben Beruf wie Ina Seidels Vater, er ist Arzt und als solcher auch für den Körper der Tochter zuständig. Als Arzt seiner Tochter tritt er zweimal in Erscheinung, einmal beim Eintritt der ersten Menstruation, bei der er die Tochter untersucht und zu einem Tag Bettruhe rät, und dann bei einer merkwürdigen Untersuchung, die gleich im Anschluß daran ausführlich geschildert wird: »Urd fühlte einen Augenblick seine Hände an ihren Hüften – leicht, trocken, warm – es war, als rückte er ihren Körper behutsam zurecht.«[41] Dieser Vater ist eine bessere Mutter, als diese es je hätte sein können. In der Autobiographie wird ihr der Vorwurf gemacht, daß sie die Tochter weder auf die Menstruation vorbereitet noch ihr irgend etwas über Sexualität erzählt habe. Der Vater dagegen, so heißt es an dieser Stelle, hätte das sicher besser gemacht.[42]

Die Erzählung vollführt damit eine doppelte Substituion: Die Tochter ist die bessere Frau des Vaters, und der Vater ist die bessere Mutter der Tochter. Die Mutter ist ein Mangelwesen, überflüssig

41 Ebenda, S. 106.

42 Ina Seidel, *Meine Kindheit und Jugend. Ursprung, Erbteil und Weg*, Stuttgart/Berlin 1935. S. 105: »Ich kann nicht unerwähnt lassen, daß ich in dem Jahr, als mein Vater starb, die ersten Offenbarungen über die Entstehung des Lebens erhalten hatte und daß diese Einweihung, die freilich leider nichts weniger als weihevoll war, mich auch seltsam aufgewühlt hatte.« In der Umarbeitung lautet der Satz: »Ich hatte in diesem Jahr auch die ersten Offenbarungen über die Entstehung des Lebens erhalten, und diese Einweihung, die freilich nichts weniger als weihevoll geschehen war, wirkte sich immer noch aus.« »Ina Seidel, *Lebensbericht. 1885-1923*, Stuttgart 1970, S. 99. Erst in dieser Fassung taucht der Vater in diesem Kontext als positive Figur auf: »Ich glaube, mein Vater hätte seinen Kindern über diese Entwicklungsphase hinüberzuhelfen gewußt. Von unserer Mutter war es der Konvention nach, in der sie wie schon unzählige vorhergehende Generationen erzogen waren, nicht zu verlangen.« S. 111.

und vollständig ersetzbar. Auch noch in einer anderen Funktion: In der Autobiographie ist sie es, die ihren Kindern die Vorgeschichte des väterlichen Selbstmords erzählt.[43] In der Erzählung dagegen wird in einer retrospektiven Konstruktion vorgeführt, wie die Tochter selbst sich dem verdrängten Tod des Vaters in ihrer Erinnerungsarbeit anzunähern versucht: »Es gibt aber, wir wissen es, Erinnerungen, die unter der Wirkung eines späteren Ereignisses wieder aus der Tiefe, in die sie versunken waren, auftauchen, fragmentarisch, wie sie sein mögen, dennoch in unerklärlicher Verbindung damit stehend.«[44] Die Tochter hatte die Vaterstadt inzwischen verlassen, um sich in Süddeutschland auf das Abitur vorzubereiten; sie entfernt sich damit von der Figur der Erzählerin in der Autobiographie, die vom Elternhaus gleich in die Ehe gegangen war, und unternimmt den gleichen Schritt, den auch Ricarda Huch getan hatte. Urd wird also im Unterschied zur Mutter in der Erzählung, die wie Ina Seidel selbst als junges Mädchen heiratete und keine Ausbildung hatte, eine Intellektuelle und damit zu jemand, der den Konflikt versteht, in dem ihr Vater gelebt hatte und der den Selbstmord schließlich mit auslöste.

Deshalb besucht Urd ihren Großvater Rinkart, um ihn nach dem Tod des Vaters zu befragen. Drei Ärzte namens »Schirrling, Mohn und Hein« – »Nomina sund Omina! stieß Rinkart bitter hervor«[45] – hatten den Vater mit Verdächtigungen und Denunziationen umstellt, wogegen sich dieser schließlich nicht mehr zur Wehr setzen konnte. Durch dieses Wissen, das die Tochter erfragt, wird sie vollends zur Tochter des Vaters: »Du bist ihm in Deiner ganzen Anlage noch am ähnlichsten«, sagt ihr der Großvater; »ich glaube, euer Vater hielt viel von dir, und du warest ihm ja auch am ähnlichsten und bist es noch. Ja« – so die Großtante.[46]

In dieser Ähnlichkeit kann die Tochter nun das Erbe von Groß-

43 Auch von der ersten zur zweiten Version der Autobiographie findet diese Auslöschung der Mutter statt: In *Meine Kindheit und Jugend* heißt es: »Erst als ich sechzehn Jahre alt war [...] entschloß sich meine Mutter, Willy [den Bruder] und mich in den wahren Hergang von meines Vaters Tod und den Ereignissen, die ihm gefolgt waren, einzuweihen« (S. 147), während es in der späteren Fassung heißt: »Und wenn ich auch weiterhin, um meine Mutter zu schonen, keine Fragen stellte – erst Anfang 1902 hielt man es für richtig, mit uns darüber zu sprechen – so kam ich im Lauf der Zeit doch von selbst zur Einordnung der unabänderlichen Tatsachen in mein Bewußtsein.« *Lebensbericht*, S. 136.

44 Ina Seidel, *Vor Tau und Tag*, S. 129.

45 Ebenda, S. 136.

46 Vgl. Ebenda S. 142 und S. 117.

vater und Vater antreten: Tochter sein heißt, die Erfahrungen der Generation der Eltern und Großeltern zu übernehmen, ohne sie selbst wiederholen zu müssen, und zwar »mit der Natur des Menschlichen«, mit den Schirrlings, den Verrätern »zu rechnen«. Das Erbe heißt, und das ist nach 1945 geschrieben ein furchtbarer Satz: »Niemals verzweifeln, Urd!«[47]

Daheim im Labyrinth

1922 veröffentlichte Ina Seidel ihren Roman *Das Labyrinth*, der einzige Roman, der eine historische Figur zum Gegenstand hat: Georg Forster.[48] Das Buch ist »Meiner Mutter und dem Andenken meines Vaters gewidmet« und gibt damit einen doppelten Anfang zu lesen auf.

Das Labyrinth ist eine interessante Textfigur: Offen, undurchdringlich und undurchschaubar. Durchzogen von verschlungenen Wegen, die man nicht geht, um an ein Ziel zu gelangen. Ein Ort der Orientierungslosigkeit, ein Ort der Gefahr, ein Ort, an dem man sich verliert.[49] Nicht so bei Ina Seidel. Hier gelingt eine Umschrift des Labyrinths in eine von Anfang an durchschaubare und damit abgeschlossene Anlage. Es ist ein Buch, wie von einer Norne geschrieben, die das Ende weiß, weil sie den Faden spinnt und nicht aus der Hand gibt. Das Labyrinth – eine Metapher für Ordnung. Im Tagebuch findet sich eine Reflexion, die dieses kontrollierte und reduzierende Schreiben skizziert: »Ich wurde unterbrochen. (Mein Leben besteht ja nur aus Bruchstücken. Immerhin glaube ich, daß die Bruchstellen immer genau aufeinanderpassen, und glaube an den Strom einer innerlichen Kontinuität in meinem äußerlich so zerrissenen Leben.)«[50]

Das Labyrinth – das ist auch die Geschichte der Ehe von Ina Seidels Eltern, an die das Buch adressiert ist. Noch vor den autobiographischen Aufzeichnungen steht also ein Text, der ein Ord-

47 Ebenda, S. 144.

48 In Ina Seidels Roman heißt er George Forster.

49 Zum Labyrinth als Textfigur vgl. Eva Meyer, *Zählen und Erzählen. Für eine Semiotik des Weiblichen*. Wien/Berlin 1983 und *Architexturen*, Basel/Frankfurt am Main 1986.

50 Ina Seidel, *Aus den schwarzen Wachstuchheften*, S. 5. Dieser Auszug aus einem »Tagebuch. 1936« wurde von Ina Seidels Sohn diesem Buch als Motto vorangestellt.

nungsmuster für die Geschichte bereithält, die Ina Seidel weiterträgt, in deren Namen sie schreibt. Das Labyrinth – eine Geschichte, in der ein Mann an seinem übermächtigen Vater und an seiner Frau stirbt. Ein Mann, der sein eigenes Leben nicht leben kann, weil ein Vater da war, der ihn zerbrach. Ein Mann, der Weite braucht und Reisen und Bewegung, der aber selbst nicht die Kraft hat, ein schweifendes Leben zu führen. Der sterben muß, weil er nicht leben kann. Der Arzt ist, andere Menschen kennt und studiert, seine eigene Arbeit aber nicht produktiv zu Ende bringen kann. Der Naturforscher ist, sich für Fremdes und Exotisches interessiert, sich aber immer wieder festbindet in einem zu engen Leben. Wie George Forster, der keine Bücher schreibt, sondern sich in Übersetzungen verzettelt und verausgabt, bis die Ideen versiegt sind, aus denen Bücher hätten werden können. Oder auch wie Ina Seidels Vater Hermann, so wie sie ihn in ihren autobiographischen Aufzeichnungen skizziert. Beide Männer brauchen andere Texte, Texte von andern, damit sie überliefert werden können. Beide konnten ihren Namen nicht als den eines Autors etablieren. Bis Ina Seidel über den einen an den andern schreibt: »Dem Andenken meines Vaters«.

Das Buch beginnt damit, daß das Kind George Forster lesen lernt, allein, neben seiner Mutter auf dem Boden sitzend. Als der Vater dazukommt und diese neue Fähigkeit seines Sohnes wahrnimmt, lehrt er ihn seinen Namen lesen: George Forster. Damit lernt der Sohn zweierlei: Er ist nicht länger George, der Sohn seiner Mutter, die »lacht und weint«[51], als sie die neue Fähigkeit des Sohnes entdeckt, er ist nun George Forster, der Sohn seines Vaters, des großen Reinhold Forster.

Der Vater – Synonym für Angst, Unterwerfung, übergroße Macht – dieser Vater ist der Minotauros. »Warum aber war nichts furchtbarer als das Labyrinth jenes König Minos auf Kreta, von dessen letzten Schrecken nie etwas gesagt war, über das man nur Vermutungen und Ahnungen haben konnte? Wie? Wie sah er aus der Minotauros? Ein Mann mit einem Stierkopf – gut! – aber wie mochte das aussehen, wie gräßlich dies: ein Mann mit einem Stierkopf! Diese Vermutungen waren es, die Vorstellung einer ungeheuren Angst vor dem Unbekannten, die den Knaben überkam, wenn er – immer in jener gefürchteten und doch heimlich ersehn-

51 Ina Seidel, *Das Labyrinth*, Stuttgart/Berlin 1922, S. 12.

ten Stunde vor dem Einschlafen – in seiner Einbildung mit trippelnden Schritten den finsteren Schlund des Eingangs betrat. (Und drinnen brüllte der Minotauros!)«[52] Später – als George Forster sich auf der Weltreise mit dem Kapitän Cook langsam von seinem starken, eigensinnigen und ewig fressenden, autoritären Vater löst, taucht plötzlich das Labyrinth wieder auf. Das Meer wird bei den flachen Inseln der Südsee so genannt, erzählt jemand bei Tisch, »und schreckhaft sprang bei diesem Wort eine Erinnerung in George auf«. Während noch erörtert wird, ob ein Gebilde – unter Wasser und ohne Minotauros – ein Labyrinth genannt werden könnte, sagt der Vater: »ihr werdet euch wundern [...] wenn ihr euer Labyrinth durchwandert habt! Was sitzt drin? Was ist der Minotauros? [...] du *selbst*, mein teurer Freund, du selbsten sitzest drin, bereit, dich zu zerreißen, hast dich vor dir selbst gefürchtet dein Leben lang.«[53]

Wer also ist George Forster selbst, wer ist er, wenn er sich von seinem Vater gelöst hat? Zurückgekehrt von der großen Reise träumt er davon, »wie gut es sein müßte, eine Mutter zu sein und niemals reisen zu müssen, eine Mutter mit guten kleinen Kindern in einer warmen duftenden Küche, in der es lauter behagliche Arbeit gab, wie Rübchenschaben, Suppenkochen, Kuchenrühren und Topfauslecken«.[54]

Auf der Suche nach diesem Leben an sicherem Ort findet er einen Gang durchs Labyrinth, der zunächst wie ein Ausweg von der Abhängigkeit vom Vater und wie ein Weg zum mütterlichen Leben aussieht; er trifft Therese Heyne: »In diesem Gang des Labyrinths hallte das Heulen des Minotauros sehr süß, ganz Gold und ganz Therese.«[55] Doch »er, der die malaiischen Urwälder kannte bis in die verborgenste Blüte ihrer dampfenden Erdspalte [...] – George Forster kannte nicht die Frau. Er hatte unter Männern gelebt, solange er denken konnte.«[56]

Ariadne – so ist der Teil des Buches überschrieben, der vom Leben mit Therese erzählt – Ariadne zeigt keinen Weg durchs Labyrinth, der auch Ab- und Umwege einschließen kann. Ihr Faden bindet George Forster an einen einzigen Weg. Ariadne – die Frau –

52 Ebenda, S. 22.
53 Ebenda, S. 227.
54 Ebenda, S. 114.
55 Ebenda, S. 307.
56 Ebenda, S. 291.

treibt ihn an, zu schreiben und zu arbeiten, doch gleichzeitig verknüpft sie ihn so eng in ein Netz aus Niedertracht und Betrug, daß er schließlich stirbt. Nicht nur alleingelassen von Therese, sondern getrennt auch von seinen Kindern, vor allem von seiner ältesten Tochter, dem einzigen Kind, das er liebt, weil es sein Kind ist und nicht ein Kind von Thereses Liebhaber.

Man könnte *Das Labyrinth* auch so lesen: George Forster, erdrückt von einem übermächtigen Vater, kann keine männliche Filiation kreieren: Sein Sohn stirbt schon als Kind, der Autorname wird nicht etabliert. Damit seine Geschichte überliefert wird, bedarf es einer Tochter, die sie überliefert. Im Namen ihres Vaters schreibt sie all die Geschichten auf, die dieser weder leben noch schreiben konnte. Die versäumten Reisen und die verpaßten Gelegenheiten, das ungelebte Leben des unglücklichen Hermann Seidel. Ina Seidel – die Tochter des Vaters.

Michaela

Ina Seidel ist aber auch die Mutter eines Sohnes. 1959 erschien ihr letzter großer Roman *Michaela. Aufzeichnungen des Jürgen Brook*.[57] Eigentlich hätte er *Helden waren wir nicht* heißen sollen, doch »mein Verlag lehnte meinen Titel konsequent ab«.[58] Das Buch trägt die Widmung: »Meinem Sohn Georg«. An diesen Georg adressiert Ina Seidel ihre große Abrechnung mit dem Nationalsozialismus in Deutschland, dem sie bekanntlich völlig unkritisch gegenübergestanden hatte.[59] Es ist eine Art politisches Testament: »Was es mir erschwert, den nötigen kritischen Abstand zu dem Buch zu finden, ist eben die Tatsache, daß ich zuviel Allerpersönlichstes hineinverbaut habe. Das geht so weit, daß ich einen Widerwillen habe, mich irgendwie analysierend damit zu beschäf-

57 Ina Seidel, *Michaela. Aufzeichnungen des Jürgen Brook*, Stuttgart 1959.

58 Ina Seidel, *Aus den schwarzen Wachstuchheften*, S. 182.

59 Sie unterschrieb z. B. 1933 eine Treuekundgebung für Hitler und verfaßte zu dessen 50. Geburtstag im Frühjahr 1939 ein Gedicht *Lichtdom* sowie einen Prosatext, der mit folgenden Worten schließt: »Dort, wo wir als Deutsche stehen, als Väter und Mütter der Jugend und der Zukunft des Reiches, da fühlen wir heute unser Streben und unsere Arbeit dankbar und demütig aufgehen im Werk des einen Auserwählten der Generation – im Werk Adolf Hitlers.« Vgl. Christian Ferber, *Die Seidels. Geschichte einer bürgerlichen Familie 1811-1977*, Stuttgart 1979, S. 307.

tigen. Es liegt hinter mir – ich kann nicht darüber nachdenken, weil in dem Buch schon alles, worauf es mir ankam, *zu Ende gedacht* ist, so weit *meine eigenen* Absichten und Motive in Frage stehen«[60] – so kommentiert sie den Roman in ihrem Tagebuch.

Ein hilfloses Buch. Auf den ersten Blick fehlt nichts: Die Gestapo verhaftet wahllos Menschen und quält sie; es wird bespitzelt und denunziert; viele wachen viel zu spät aus ihrer ungeheuren politischen Naivität den Nazis gegenüber auf und haben nach ihrem furchtbaren Irrtum nicht mehr die Kraft zum Widerstand; jüdische Mieter eines Hauses in der Berliner Innenstadt verschwinden, und davon profitieren die Blockwarte und Mitläufer. Man sieht sie sogar verschwinden: Auf dem Bahnhof in Naumburg beobachtet der Ich-Erzähler auf dem Nebengleis einen Zug, aus dem Menschen »herüberstarren«, die »alle den gleichen Ausdruck vollkommener tödlicher Resignation« in ihren Gesichtern tragen. »Unser Zug hatte sich langsam wieder in Bewegung gesetzt und glitt langsam an den Wagen des anderen Zuges vorbei; Fenster auf Fenster trat in meinen Gesichtskreis: bleiche Gesichter, Augen wehrloser Opfer – keine gerungenen, geschweige denn drohenden Hände – keine Regung – vorüber. Die Lokomotive, unter Dampf, stand in der Richtung unserer Fahrt – ostwärts [...] Ich blickte irre um mich – hatte niemand außer mir dies wahrgenommen? [...] Nur eine alte Frau, die mir schräg gegenüber an einem anderen Tisch saß, schien meine Beobachtungen geteilt zu haben; sie saß wie versteinert, den Blick noch in der Richtung des zurückgebliebenen Bildes, und bewegte leise die Lippen. Dann trafen sich unsere Augen in stummem Einverständnis.«[61]

Und doch fehlt etwas. Diese literarische Verarbeitung einer Niederlage wirkt unangemessen und unzeitgemäß. Zur Sprache kommt nur ein Rückblick aus der Perspektive gebildeter Bürger, die an die Macht der Erziehung, an das Individuum, an das Schreiben von »Dichtung« glauben. Eine der zentralen Figuren des Buches ist ein Schriftsteller, im bürgerlichen Beruf Psychiater, mit dem Namen Andreas Einmann; seine Romane publiziert er unter dem Pseudonym Andermann. Er ist durch und durch Mann, im Vornamen, im Nachnamen und im Pseudonym. Er kann die Zeit

60 Ina Seidel, *Aus den schwrzen Wachstuchheften*, S. 182.
61 Ina Seidel, *Michaela*, S. 345 f.

in seinen Büchern, die im Roman nicht genauer beschrieben werden, einfangen. Michaela, die Titelheldin, lernt ihn kennen und verliebt sich in ihn, weil sie ihn gelesen hat. Schriftstellerinnen dagegen sind eher komische Figuren, abgetrennt vom eigentlichen Leben, verbannt an einen Ort des Exils in der Schweiz, der bezeichnenderweise Volière genannt wird. Nie ist davon die Rede, daß jemand sie liest, sie müssen schon selbst vorlesen – aus unveröffentlichten Manuskripten an abendlichen Kaminfeuern –, wenn sie wahrgenommen werden wollen. Es ist nicht nötig, sich mit ihren Texten zu befassen, denn diese scheinen ebenso spur- und zeitlos zu verklingen wie das Klavierspiel, das diese Abende im Exil beendet. Texte ohne Adresse und ohne Bestimmung, verfaßt von Frauen, die im Buch nur über pseudonyme Vornamen verfügen. Wer also hat *Michaela* geschrieben, dieses Buch, in dem so viele Protagonisten den Tod finden, bis schließlich von allen, deren Leben von den Nazis bedroht wird, nur noch zwei Figuren übrigbleiben – Mutter und Sohn? Mutter und Sohn, wie Ina Seidel und Georg, an den das Buch adressiert ist. An den Sohn und nicht an die Tochter. Der Tochter, die mit einem hohen Nazi verheiratet war, hatte Ina Seidel eine Erzählung gewidmet, *Renée und Rainer*, die 1930 erschien: »Meine Tochter Heilwig zu Ehren«. Diese Erzählung ist eine Art Vorstudie zum Roman *Michaela*, denn die Geschichte der Titelhelden, ein Paar, das fast denselben Namen trägt, wird dort fortgesetzt, wobei Renée nach dem 20. Juli 1944 Selbstmord begeht, während ihr Mann Rainer Gestapohaft und KZ wie durch ein Wunder überlebte. Ein Wunder: Überlebend sind Rainer und seine Mutter, die im Roman als *die* Mutter schlechthin bezeichnet wird. Überleben ist: eine Kette der Tradierung von der Mutter zum Sohn.

Der Sohn Ina Seidels aber schlägt das Erbe aus. Er unterbricht die Kette der schreibenden Seidels und veröffentlicht seine Texte unter einem Pseudonym: Christian Ferber. Seidel – dieser belastete Autorname – wird zum Buchtitel: *Die Seidels. Geschichte einer bürgerlichen Familie. 1811-1977*, so nennt Christian Ferber sein Buch, das die abschließende Geschichte einer Genealogie von Autornamen präsentiert. Der erste Teil heißt *Patriarchat*, der zweite *Matriarchat*. Dieses Matriarchat – die Regentschaft eines weiblichen Autornamens – bildet einen Endpunkt. »Christian Ferber« beendet eine Autorengenealogie, in die sich ein weiblicher Name gemischt hatte: »Ihre Mutter war doch die Tochter von

Leberecht Hühnchen[62], oder war er ihr Großvater« – mit dieser Frage einer neugierigen Leserin, die Christian Ferber seinem Buch über die Seidels als Motto voranstellt, ist auch eine Antwort gegeben. Denn das Pseudonym durchbricht diese undurchdringliche Vermengung von Autornamen und Buchtitel gleich zweifach; es vollzieht nicht nur einen Abschied von den »Seidels«, sondern auch von »Georg«, diesem Namen, der im Schreiben der Mutter eine so große Rolle gespielt hatte.

Ina Seidels Buch *Michaela*, das als Testament eines Scheiterns gelesen werden könnte, bezeichnet einen Endpunkt. Es ist das falsche Buch mit falschem Titel. Das richtige Buch über den Nationalsozialismus in Deutschland hätte ein Andermann schreiben können – Ina Seidels alter ego im Roman. Ein anderer Mann, aber offenbar keine andere Frau. Auch nicht Ricarda Huch, an der Ina Seidel immer wieder anknüpfte. Deren letztes Buch über den Widerstand gegen den Faschismus läßt sich nicht in eine Reihe mit den imaginären Büchern des Andermann bringen. Denn Ricarda Huch ist eine »Frau«, und das heißt, daß sie für diese Geschichte nicht zuständig ist. Deshalb werden ihre Texte von Ina Seidel in einer großen Geste des Schließens in eine andere Tradierung gestellt. Im Essay *Bei den Sybillen, bei den Königinnen* (1948) heißt es: »Vier Frauen sind es, die sich im Bereich unserer Literatur das eigentümliche Vorrecht erworben haben, meist nur mit ihren Vornamen genannt zu werden: Karoline –, Bettine –, Annette und – Ricarda [...] Inmitten einer geistigen Welt, die vom Manne gegründet, vom Manne beherrscht und getragen von großen Männern ist, die, wie nicht anders möglich, sich dem Bewußtsein der Mit- und Nachwelt mit ihren ›Vatersnamen‹ einzuprägen pflegen, geschah durch diese Frauen ungewollt die Aufrichtung eines geheimnisvollen geistigen Matriarchats, einer ganz weiblichen Schöpfung, die von einer gewissen naturhaften Anonymität des Ursprungs umwittert bleiben zu sollen scheint.«[63]

»Unsere Literatur« – das ist in diesem Essay ein Synonym für »Dichtung« als Gegenbewegung zur Öffnung von Genres und Schreibweisen, wie sie um 1880 einsetzte. »Dichtung« ist der

62 *Leberecht Hühnchen* ist der Titel von Heinrich Seidels erfolgreichstem Roman, der von 1880 bis 1892 in drei Teilen erschien. Heinrich Seidel wiederum war der Onkel und Schwiegervater Ina Seidels.

63 Ina Seidel, *Frau und Wort. Ausgewählte Betrachtungen und Aufsätze*, Stuttgart 1965, S. 18f.

Name einer Schreibweise, die reduziert. Die eine Welt entwirft, die *dicht* ist gegenüber Unterschieden und Heterogenem. Gegen die Pluralität von »Frauen«, die alles schreiben und alles lesen, wird hier die Einheit der »Mutter« stabilisiert. Genre und Geschlecht sind wieder identifizierbar, denn Ina Seidels geistiges Matriarchat ist eines der Briefe und später der Gedichte. Lyrik erscheint somit als Verlängerung des mit Weiblichkeit konnotierten Genres Brief ins 20. Jahrhundert. Das Gedicht – eine Emanation des Weiblichen. Deshalb wird auch der Name einer schreibenden Frau wieder auf einen Vornamen reduziert, wie es der Namensregelung um 1800 entsprach. Geschichte verschwindet, nicht nur die der Literatur, und damit verschwinden auch alle Unterschiede zwischen Schreib- und Überlieferungsweisen.

»Unsere Literatur« verdankt sich darüber hinaus einem Ausschluß, der nationalsozialistische Selektionskriterien auch nach 1945 weiterschreibt: In »unserer Literatur« kann man nicht »Rahel« heißen und auch nicht »Else« oder »Nelly«. In »unserer Literatur« wirkt der Name als Stigma. Für diesen Ausschluß braucht es nicht einmal der Kennzeichnung »Sara« – er funktioniert »von allein«.

»Ina Seidel« – dieser Autorname kennzeichnet Ausschluß und Reduktion, »Ricarda Huch« dagegen Verhältnisse: dieser Name signiert wissenschaftliche, literarische oder historische Texte. Ina Seidel holt diese schwer lesbare Vielheit in eine Traditionsreihe zurück, in der Dichtung als Instanz der Einheit wirkt: Als Unterstrom von Ricarda Huchs Schreiben, über alle Genres und Divergenzen hinweg, macht Ina Seidel »die Lyrik« aus. Lyrik bietet sich gerade deshalb als Projektionsfeld dieser Einheit an, weil sie – indem sie Diskursivität durchstreicht – nicht »gelesen« werden muß, sondern immer schon »verstanden« wurde. Ohne Zeit und ohne Aufschub. 1924 ebenso wie 1964 und darüber hinaus. »Dichtung« das ist »Die Frau«, immer schon verstanden, immer schon hineingeholt in Tradition und Überlieferung.

Wer also schreibt in Ina Seidels Namen? Eine Frau? Ja, wenn »Frau« eine Reduktion bedeutet, wenn ein weiblicher Autorname Garant für Lesbarkeit ist. Für dieses Lesen hat sich die Frauenforschung oder auch die feministische Literaturwissenschaft[64] zu-

64 Vgl. dazu meinen Aufsatz *Feministische Literaturwissenschaft. Vom Mittelweg der Frauen in der Theorie*, in: *Einführung in die Literaturwissenschaft*, hrsg. von Klaus-Michael Bogdal, Wiesbaden 1990, S. 218-234, vor allem S. 228f.

ständig erklärt. Neue Instanzen, die den falschen Namen einer schreibenden Frau in richtige überführen?

Dagegen ist auch dieses Buch unter falschem Namen geschrieben, oder um es mit Ovid zu sagen: Barbara hic ego sum, quia non intellegam illis. Ich widme es meinem Vater und meinem Mann, in deren Namen ich nicht geschrieben habe.

Bio-Bibliographische Notizen

Die folgenden bio-bibliographischen Angaben sollen nur einige Hinweise bieten und zur Weiterarbeit einladen. Da kaum einer der schreibenden Frauen, die in diesem Buch auftauchen, eine Biographie oder gar eine Monographie gewidmet wurde, mußten sie unvollständig und fragmentarisch bleiben.

Esther

Lucie Domeier, geb. als *Esther Gad* um 1767 in Breslau, gest. nach dem Oktober 1833 in London. In erster Ehe mit dem Breslauer Kaufmann *Bernard* verheiratet. Um 1791 wurde der Sohn Jonas geboren, um 1795 die Tochter Jeanette. Lebte seit 1800 in Berlin, wo sie einen verlorengegangenen Roman *Die Geschwister* schrieb. Nach vergeblichen Publikationsbemühungen verließ sie Preußen 1801 und ging nach England, heiratete dort den Arzt Wilhelm *Domeier*, mit dem sie 1804 einen Sohn August bekam. Ausgedehnte Reisen, über die sie Bücher schrieb, führten sie bis nach Malta. Zwei Briefwechsel von ihr sind überliefert: der mit Jean Paul erschien 1990, die weitgehend ungedruckte Korrespondenz mit Rahel Levin Varnhagen (Sammlung Varnhagen, Biblioteka Jagiellońska, Krakau) wird zur Publikation vorbereitet.

Briefe während meines Aufenthalts in England und Portugal an einen Freund, Hamburg 1802.
Neue Reise durch England und Portugal. In Briefen an einen Freund. II. Theil, Hamburg 1803.
Gesammelte Blätter. I. Theil, Leipzig 1805.
Kritische Auseinandersetzung mehrerer Stellen in dem Buche der Frau von Staël über Deutschland. Mit einer Zueignungsschrift an den Herrn Jean Paul Richter. Aus dem Englischen übersetzt von der Verfasserin des Originals, Hannover 1814.
Leucadio Doblado (d.i. Joseph Blanco White): *Briefe aus Spanien. Aus dem Englischen übersetzt von E. L. Domeier, geb. Gad. Mit einem Briefe an den Dr. Tieck*, Hamburg 1824.
Barbara Hahn: *Geliebtester Schriftsteller. Esther Gads Briefwechsel mit Jean Paul*, in: *Jahrbuch der Jean-Paul-Gesellschaft* 25 (1990), S. 7-42.

Rahel

Friederike Varnhagen von Ense, geb. als *Rahel Levin* im Mai 1771 in Berlin, gest. am 5. 3. 1833 in Berlin. Nahm zusammen mit ihren Geschwistern den Namen *Robert* an. 1813 Flucht aus Berlin nach Prag. Heiratete 1814 Karl August *Varnhagen von Ense*, mit dem sie nach Wien, Frankfurt am Main und Karlsruhe zog. Nach Varnhagens Demission als preußischer Diplomat Rückkehr nach Berlin.

Rahel Varnhagen. Briefwechsel, 4 Bde., hrsg. von Friedhelm Kemp, München ²1979.

Rahel-Bibliothek. Rahel Varnhagen. Gesammelte Werke, 10 Bde., hrsg. von Konrad Feilchenfeldt, Rahel E. Steiner und Uwe Schweikert, München 1983.

Eine textkritische Ausgabe in voraussichtlich sechs Bänden, die vorwiegend ungedrucktes Material aus Rahel Levin Varnhagens Nachlaß enthalten wird, ist in Vorbereitung (hrsg. von Barbara Hahn und Ursula Isselstein). Vgl. dazu *Rahel Levin Varnhagen. Die Wiederentdeckung einer Schriftstellerin*, hrsg. von Barbara Hahn und Ursula Isselstein, Göttingen 1987, und Barbara Hahn, *Antworten Sie mir! Rahel Levin Varnhagens Briefwechsel*, Basel/Frankfurt am Main 1990.

Rebekka

Regine Frohberg, geb. als *Rebekka Salomon* am 4. 10. 1783 in Berlin, gest. am 30. 8. 1850 in Wien. Heiratete 1801 Moses *Friedländer*, von dem sie sich im selben Jahr trennte. Sie ließ sich taufen und nahm wie ihre Schwestern den Namen *Saaling* an, lebte seit 1813 in Wien. Verfaßte ca. 20 Romane, zwei Bände Erzählungen und Sammelbände mit Betrachtungen und Aufsätzen, die teilweise mehrere Auflagen erlebten. In dem Rührstück *Schmerz der Liebe* von 1810 fühlte sich Rahel Levin porträtiert, und Karl August Varnhagen veröffentlichte pseudonym eine scharfe Kritik des Romans. Ihr Briefe an Rahel Levin sind nicht überliefert, die Gegenbriefe wurden auszugsweise gedruckt, wobei die Adressatin »Rebecca Friedländer« genannt wird.

Anonym:
Louise oder Kindlicher Gehorsam in Liebe und Streit, Berlin 1808.
Schmerz der Liebe, Berlin 1810.
Unter dem Namen *Regine Frohberg*:
Erzählungen, Dresden 1811; zweite verbesserte Auflage Wien 1817.
Das Opfer, Amsterdam und Leipzig 1812, Wien ²1817.
Verrath und Treue, Berlin 1812, Wien ²1816.
Marie oder die unglücklichen Folgen des ersten Fehltritts. Ein Roman in Briefen, Theil I-III, Dresden 1812.
Darstellungen aus dem menschlichen Leben, Wien 1814.
Die Brautleute oder Schuld und Edelmuth, Wien 1814.

Bestimmung. Ein Roman, Wien 1814.
Das Gelübde. Ein Roman in Briefen, Wien 1816.
Herbst-Blumen, Wien 1817.
Gustav Sternig. Das Ungewitter. Zwei neue Erzählungen, Wien 1817.
Theater. I. Buch, Wisbaden 1817, II. Buch, Wisbaden 1818.
Kleine Romane. Theil I und II, Wisbaden 1819, Theil III, Wisbaden 1820.
Stolz und Liebe, 2 Theile, Leipzig 1820.
Entsagung. Ein Roman, Wien und Leipzig 1824, ²1830.
Die Rückkehr, Frankfurt am Main 1825.
Der Liebe Kämpfe, Leipzig 1826.
Die Abreise, 2 Theile, Wien 1830, ²1834.
Eigene und fremde Schuld, Leipzig 1837.
Vergangenheit und Zukunft, Gera 1840.
Gedankenfrüchte auf dem Pfad des Lebens, Wien 1842.
Briefe an eine Freundin. Rahel Varnhagen an Rebecca Friedländer, hrsg. von Deborah Hertz, Köln 1988.

Sara

Sophie von Grotthuß, geb. 1763 als *Sara Meyer* in Berlin, gest. am 11. 12. 1828 in Oranienburg. Wurde 1778 mit dem Kaufmann Lipman Wulf verheiratet, der 1788 starb. Heiratete 1797 den livländischen Baron Ferdinand Dietrich *von Grotthuß*. Ihre schriftstellerischen Arbeiten sind bis auf eine Erzählung *Sophie ou la différence de l'Education* und zwei ungedruckte Manuskripte, ein Essay *Ansichten einer deutschen Frau, geschrieben zu Dresden im Sommer 1814* sowie ein Theaterstück *Die deutsche Erzieherin* (Sammlung Varnhagen) verlorengegangen. Wie aus einem ungedruckten Brief an Goethe vom 14. 8. 1824 hervorgeht, war sie in ihren späteren Jahren schriftstellerisch sehr produktiv. Sie spricht von einem Roman, einem Drama und mehreren Erzählungen, die sie ihm zur Begutachtung mitschickt. Wie Karl August Varnhagen schreibt, war sie »anderthalb Jahre vor ihrem Tode« damit beschäftigt, »eine Anzahl Briefe von Ramler, Gedike, Zöllner, Biester, von Ligne, Frau von Staël und Andern zur Herausgabe zu ordnen, allein diese Papiere sind durch Unkunde nur späterhin größtentheils verbrannt worden«. Ihre bisher nur auszugsweise gedruckten Briefwechsel mit Goethe (Goethe-Schiller-Archiv, Weimar) und Rahel Levin Varnhagen (Sammlung Varnhagen, Biblioteka Jagiellońska, Krakau) werden zur Publikation vorbereitet.

Mariane von Eybenberg, geb. als *Mariane Meyer* 1770 in Berlin, gest. 1812 in Wien. Ließ sich taufen und war seit 1797 in heimlicher Ehe mit dem

Fürsten Heinrich XIV. *Reuß* verbunden. Nach dessen Tod 1797 bekam sie den Namen *Eybenberg* und zog nach Wien. Traf 1795 Goethe in Karlsbad, mit dem sie danach eine umfangreiche, nur teilweise gedruckte Korrespondenz unterhielt (Goethe-Schiller-Archiv, Weimar). Ihr literarischer Nachlaß mit »Bildnissen oder Karakterschilderungen von Personen aus der Gesellschaft, deren Schärfe und Richtigkeit Bewunderung und Furcht erregte« (Varnhagen), ist verlorengegangen.

Paula

Paula Beer-Hofmann, geb. als *Pauline Anna Lissy* am 25. 2. 1879 in Wien, gest. am 30. 10. 1939 in Zürich. Lernte 1895 Richard *Beer-Hofmann* kennen und heiratete ihn 1898, nachdem sie zum Judentum übergetreten war; ihr jüdischer Name war Ruth. Geburt der Töchter Mirjam 1897 und Naemah 1898; 1901 Geburt des Sohnes Gabriel. 1939 Flucht aus Österreich.

Richard M. Sheirich bereitet die Herausgabe ihres Briefwechsels mit Richard Beer-Hofmann (Leo-Baeck-Institut, New York) vor.

Paula Buber, geb. als *Paula Winkler* am 14. 6. 1877 in München, gest. am 11. 8. 1958 in Venedig. Studierte Germanistik in Zürich, dort 1899 Begegnung mit Martin *Buber*. Geburt der Kinder Raffael 1900 und Eva 1901. 1904/05 Aufenthalt in Florenz, Mitarbeit an den *Geschichten des Rabbi Nachman* (1906) und den *Legenden des Baalschem* (1908). Lebte bis 1916 in Berlin, danach in Heppenheim. 1938 Flucht nach Jerusalem.

Unter dem Namen *Paula Winkler*:
Betrachtungen einer Philozionistin, in: *Die Welt* Nr. 36, vom 6. 9. 1901. Nachdruck in: *München ehrt Martin Buber*, München 1961, S. 13-19f.
Die jüdische Frau, in: *Die Welt* vom 8. und 15. 11. 1901.

Unter dem Pseudonym *Georg Munk*:
Die unechten Kinder Adams. Ein Geschichtenkreis, Leipzig 1912, ²1923.
Irregang, Leipzig 1916.
Sankt Gertrauden Minne, Leipzig 1921.
Die Gäste, Leipzig 1927.
Am lebendigen Wasser, Wiesbaden 1952.
Muckensturm. Ein Jahr im Leben einer kleinen Stadt, Heidelberg 1953 (geschrieben 1938 bis 1940).
Geister und Menschen. Ein Sagenbuch, mit einem Vorwort von Martin Buber, München 1961.

Hedwig

Hedwig Lachmann-Landauer, geb. als *Hedwig Lachmann* am 29. 8. 1865 in Stolp/Pommern, gest. am 21. 2. 1918 in Krumbach/Schwaben. Zog um 1890 nach Berlin, wo sie sich mit Paula und Richard Dehmel befreundete. Traf im Frühjahr 1899 Gustav *Landauer*, mit dem sie 1901 nach England übersiedelte. 1902 Rückkehr nach Deutschland und Geburt der Tochter Gudula. Heirat mit Landauer nach dessen Scheidung im Frühjahr 1903. Lebte in Hermsdorf bei Berlin. Eine zweite Tochter Brigitte wurde 1906 geboren. Seit Mai 1917 lebte sie in Krumbach/Schwaben. Ihre Publikationen erschienen unter dem Namen Hedwig Lachmann.

Im Bilde. Gedichte, auch Nachdichtungen, Berlin/Leipzig 1902
Oscar Wilde, Berlin-Leipzig o.J. (1904).
Gesammelte Gedichte. Eigenes und Nachdichtungen, hrsg. von Gustav Landauer, Potsdam 1919.

Übersetzungen von *Hedwig Lachmann*:
Edgar Allen Poe, *Ausgewählte Gedichte*, Berlin 1891.
Oscar Wilde, *Salome*, Leipzig 1903 (zuerst in: Wiener Rundschau 1900).
Edgar Allen Poe, *Heureka. Versuch über das Weltall*, Minden 1901 (?).
Oscar Wilde, *Der Sozialismus und die Seele des Menschen*, übersetzt von Hedwig Lachmann und Gustav Landauer, Berlin 1904.
Richard Strauss, *Salome. Drama in einem Aufzug nach Oscar Wilde's gleichnamiger Dichtung*, Berlin 1905.
Honoré de Balzac, *Verlorene Illusionen*, Leipzig 1909.
Honoré de Balzac, *Menschliche Komödie*, 1.-11. Band, Leipzig 1909/1910. Bd. 4: *Verlorene Illusionen. I. Theil, Die beiden Dichter. Ein großer Mann aus der Provinz in Paris. I. Theil* (1909); Bd. 5: *Verlorene Illusionen. II. Theil, Ein großer Mann aus der Provinz in Paris. II. Theil, Leiden des Erfinders* (1909); Bd. 11: *Sarrasine* (1910).
Honoré de Balzac, *Die Frau von dreißig Jahren. Die alte Jungfer*, Leipzig 1910.
Honoré de Balzac, *Das Chagrinleder. Das unbekannte Meisterwerk. Sarrasine*, übersetzt von Hedwig Lachmann und Felix Paul Greve, Leipzig 1910.
Edgar Poes *Werke*, 6 Bde., übersetzt von Hedda Moeller-Bruck und Hedwig Lachmann, Minden 1911-1914.
Dies edle und freudenreiche Buch heißet Der Tod Arthurs, obzwar es handelt von Geburt, Leben und Taten des genannten Königs Arthur, von seinen edlen Rittern vom Runden Tische... welches Buch ins Englische gebracht wurde durch den Ritter Sir Thomas Malory, Leipzig 1913.
Rabindranath Tagore, *Das Postamt*, übersetzt von Hedwig Lachmann und Gustav Landauer, Leipzig/München 1915.

Die Jugenderinnerungen von Benjamin Franklin, Leipzig 1917.
Rabindranath Tagore, *Der König der dunklen Kammer*, übersetzt von Hedwig Lachmann und Gustav Landauer, München o. J. (1915), Neuauflage Leipzig-München 1918.
Honoré de Balzac, *Sarrasine*, Wien-Leipzig 1922.
Edgar Poes *Werke*, 2 Bde., übersetzt von Hedda Moeller-Bruck und Hedwig Lachmann, Minden 1922.
Edgar Poe, *Hans Pfaals Mondfahrt*, übersetzt von Hedda Moeller-Bruck und Hedwig Lachmann, Regensburg 1922.
Joseph Conrad, *Lord Jim*, Berlin 1927.

Hedwig Mauthner, geb. als *Hedwig Luitgardis Straub* am 20. 1. 1872 in Emmendingen bei Freiburg/Breisgau, gest. am 20. 6. 1945 in Meersburg. Ärztin und Schriftstellerin. Ging als junges Mädchen nach Berlin, um in Helene Langes Gymnasialklassen das Abitur abzulegen. Anschließend Studium in Zürich und Paris. Arbeitete als Beauftragte der französischen Regierung zehn Jahre als Ärztin in der Sahara. Heirat mit James *O'Cunningham Silles*, von dem sie bald wieder geschieden wurde. 1904 Rückkehr nach Europa. 1906/07 Begegnung mit Fritz *Mauthner* in Freiburg, gemeinsamer Umzug nach Meersburg 1909 und Heirat 1910. Im Ersten Weltkrieg Arbeit als Ärztin in einem Konstanzer Lazarett. 1933 Aberkennung der Rente und Publikationsverbot.

Unter dem Namen *Hedwig O'Cunningham*:
Beutter-Büchlein. Erinnerungen an unseren Katecheten, Freiburg 1909.

Unter dem Pseudonym *Harriet Straub*:
Rupertsweiler Leut', München 1912 (Neuausgabe Freiburg/Basel/Wien 1988).
Zerrissene Briefe, München 1913 (Neuausgabe hrsg. von Ludger Lütkehaus, Freiburg 1990).
Wüstenabenteuer. Frauenleben, hrsg. von Ludger Lütkehaus, Freiburg 1991; hier ausführliche bibliographische Angaben, S. 139-141.

Ricarda Huch

Geboren am 18. 7. 1864 in Braunschweig, gestorben am 17. 11. 1947 in Schönberg/Taunus. Ging 1887 nach Zürich, wo sie das Abitur nachholte und studierte. Promotion 1891, anschließend Bibliothekarin und Lehrerin in Zürich und Bremen. 1898 Heirat mit Ermanno *Ceconi*, mit dem sie in Triest (bis 1900) und München lebte, 1899 Geburt der Tochter Marietta. 1906 Scheidung von Ceconi. 1907 Heirat mit ihrem Vetter Richard *Huch*, von dem sie sich 1911 scheiden ließ. 1912 Rückkehr nach München. Seit 1927 lebte sie bei ihrer Tochter, mit der sie nach Berlin (1927-1932), Heidelberg (1932-1934) und Freiburg (1934-1936) zog. Bis kurz vor ihrem Tod lebte sie in Jena.

Gesammelte Werke in 11 Bänden, hrsg. von Wilhelm Emrich, Köln 1964-1977.
Taschenbuchausgabe in Einzelbänden aufgrund der von Wilhelm Emrich edierten Gesamtausgabe, hrsg. von Bernd Balzer, Frankfurt/Berlin/Wien 1980-1982.
Seit 1985 erscheinen die *Studien zu Ricarda Huchs Leben und Werk*, hrsg. von Hans Werner Peter, Braunschweig, in denen jeweils die neueste Literatur über Ricarda Huch verzeichnet ist.

Ina Seidel

Geboren am 15. 9. 1885 in Halle, gestorben am 3. 10. 1974 in Ebenhausen. Lebte seit 1887 in Braunschweig, wo ihr Vater 1895 Selbstmord beging. Zog mit ihrer Mutter zuerst nach Marburg, 1896 nach München. 1907 Heirat mit ihrem Vetter Heinrich Wolfgang *Seidel*, Umzug nach Berlin. 1908 Geburt der Tochter Heilwig. 1914 Umzug nach Eberswalde, wo 1918 die Tochter Ulrike geboren wurde, die nach einem Monat starb. 1919 Geburt des Sohnes Georg. 1923 Rückkehr nach Berlin, wo Heinrich Wolfgang Seidel Pfarrer an der Neuen Kirche am Gendarmenmarkt wurde. 1934 Übersiedlung nach Starnberg.

Das Labyrinth. Roman, Jena 1922.
Renée und Rainer. Erzählung, Stuttgart/Berlin 1930.
Das Wunschkind. Roman, Stuttgart/Berlin 1930.
Dichter, Volkstum und Sprache. Ausgewählte Vorträge und Aufsätze, Stuttgart/Berlin 1934.
Meine Kindheit und Jugend. Ursprung, Erbteil und Weg, Stuttgart/Berlin 1935.
Lennacker. Das Buch einer Heimkehr, Stuttgart/Berlin 1938.
Osel, Urd und Schummei. Fragmente einer Kindheitsgeschichte, Gütersloh 1950.
Michaela. Aufzeichnungen des Jürgen Brook, Stuttgart 1959.
Vor Tau und Tag. Geschichte einer Kindheit, Stuttgart 1962.
Frau und Wort. Ausgewählte Betrachtungen und Aufsätze, Stuttgart 1965.
Lebensbericht. 1885-1923, Stuttgart 1970.
Aus den schwarzen Wachstuchheften. Monologe, Notizen, Fragmente, hrsg. von Christian Ferber, Stuttgart 1980.

Christian Ferber: Die Seidels. Geschichte einer bürgerlichen Familie 1811–1977, Stuttgart 1979.
Weitere bibliographische Angaben bei Karl August Horst: *Ina Seidel. Wesen und Werk*, Stuttgart 1956.

edition suhrkamp
Eine Auswahl

316/1/6.90

316/2/6.90

edition suhrkamp
Eine Auswahl

316/3/6.90

edition suhrkamp
Eine Auswahl

Handke: Die Innenwelt der Außenwelt der Innenwelt. es 307
– Kaspar. es 322
– Langsam im Schatten. es 1600
– Phantasien der Wiederholung. es 1168
– Publikumsbeschimpfung und andere Sprechstücke. es 177
Happel: Grüne Nachmittage. es 1570
Henrich: Konzepte. es 1400
Hentschel: Geschichte der deutschen Sozialpolitik 1880-1980. NHB. es 1247
Hesse: Tractat vom Steppenwolf. es 84
Die Hexen der Neuzeit. es 743
Irigaray: Speculum. es 946
Jahoda / Lazarsfeld / Zeisel: Die Arbeitslosen von Marienthal. es 769
Jakobson: Kindersprache, Aphasie und allgemeine Lautgesetze. es 330
Jasper: Die gescheiterte Zähmung. NHB. es 1270
Jauß: Literaturgeschichte als Provokation. es 418
Johnson: Begleitumstände. es 1019
– Der 5. Kanal. es 1336
– Jahrestage. es 1500
– Porträts und Erinnerungen. es 1499
– Versuch, einen Vater zu finden. Marthas Ferien. es 1416
Jones: Frauen, die töten. es 1350
Joyce: Werkausgabe in sechs Bänden. es 1434-1439
– Finnegans Wake. es 1524
– Penelope. es 1106
Kenner: Ulysses. es 1104
Kiesewetter: Industrielle Revolution in Deutschland 1815-1914. NHB. es 1539
Kindheit in Europa. es 1209
Kipphardt: In der Sache J. Robert Oppenheimer. es 64
Kirchhoff: Body-Building. es 1005
Kluge, A.: Gelegenheitsarbeit einer Sklavin. es 733
– Lernprozesse mit tödlichem Ausgang. es 665
– Neue Geschichten. Hefte 1-18. es 819
– Schlachtbeschreibung. es 1193
Kluge, U.: Die deutsche Revolution 1918/1919. NHB. es 1262
Koeppen: Morgenrot. es 1454
Kolbe: Bornholm II. es 1402
– Hineingeboren. es 1110
Konrád: Antipolitik. es 1293
– Stimmungsbericht. es 1394
Kriegsursachen. es 1238
Krippendorff: Staat und Krieg. es 1305
– »Wie die Großen mit den Menschen spielen.« es 1486
Kristeva: Geschichten von der Liebe. es 1482
– Die Revolution der poetischen Sprache. es 949
Kroetz: Bauern sterben. es 1388
– Furcht und Hoffnung der BRD. es 1291
– Heimarbeit. Hartnäckig. Männersache. es 473
– Mensch Meier. Der stramme Max. Wer durchs Laub geht … es 753

316/4/6.90

edition suhrkamp
Eine Auswahl

Kroetz: Nicht Fisch nicht Fleisch. Verfassungsfeinde. Jumbo-Track. es 1094
– Oberösterreich. Dolomitenstadt Lienz. Maria Magdalena. Münchner Kindl. es 707
– Stallerhof. Geisterbahn. Lieber Fritz. Wunschkonzert. es 586
Krolow: Ausgewählte Gedichte. es 24
Laederach: Fahles Ende kleiner Begierden. es 1075
– Der zweite Sinn. es 1455
Lehnert: Sozialdemokratie zwischen Protestbewegung und Regierungspartei 1848-1983. NHB. es 1248
Lem: Dialoge. es 1013
Lenz, H.: Leben und Schreiben. es 1425
Leroi-Gourhan: Die Religionen der Vorgeschichte. es 1073
Leutenegger: Lebewohl, Gute Reise. es 1001
– Das verlorene Monument. es 1315
Lévi-Strauss: Das Ende des Totemismus. es 128
– Mythos und Bedeutung. es 1027
Die Listen der Mode. es 1338
Löwenthal: Mitmachen wollte ich nie. es 1014
Lohn: Liebe. es 1225
Lukács:Gelebtes Denken. es 1088
Maeffert: Bruchstellen. es 1387
Marcus: Umkehrung der Moral. es 903
Marcuse: Ideen zu einer kritischen Theorie der Gesellschaft. es 300
– Konterrevolution und Revolte. es 591
– Kultur und Gesellschaft 1. es 101
– Kultur und Gesellschaft 2. es 135
– Versuch über die Befreiung. es 329
Maruyama: Denken in Japan. es 1398
Mattenklott: Blindgänger. es 1343
Mayer: Anmerkungen zu Brecht. es 143
– Gelebte Literatur. es 1427
– Versuche über dieOper. es 1050
Mayröcker: Magische Blätter. es 1202
– Magische Blätter II. es 1421
McKeown: Die Bedeutung der Medizin. es 1109
Meckel: Von den Luftgeschäften der Poesie. es 1578
Medienmacht im Nord-Süd-Konflikt: Die neue Internationale Informationsordnung. Friedensanalysen Bd. 18. es 1166
Meier, Chr.: Die Ohnmacht des allmächtigen Dictators Caesar. es 1038
Menninghaus: Paul Celan. es 1026
Menzel / Senghaas: Europas Entwicklung und die Dritte Welt. es 1393
Miłosz: Zeichen im Dunkel. es 995
Mitscherlich: Freiheit und Unfreiheit in der Krankheit. es 505

316/5/6.90

edition suhrkamp
Eine Auswahl

Mitscherlich: Krankheit als Konflikt. es 237
– Die Unwirtlichkeit unserer Städte. es 123
Mitterauer: Sozialgeschichte der Jugend. NHB. es 1278
Möller: Vernunft und Kritik. NHB. es 1269
Moser: Eine fast normale Familie. es 1223
– Der Psychoanalytiker als sprechende Attrappe. es 1404
– Romane als Krankengeschichten. es 1304
Muschg: Literatur als Therapie? es 1065
Mythos ohne Illusion. es 1220
Mythos und Moderne. es 1144
Nakane: Die Struktur der japanischen Gesellschaft. es 1204
Die neue Friedensbewegung. es 1143
Ngũgĩwa Thiong'o: Der gekreuzigte Teufel. es 1199
Nizon: Am Schreiben gehen. es 1328
Oehler: Pariser Bilder I (1830-1848). es 725
– Ein Höllensturz der Alten Welt. es 1422
Oppenheim: Husch, husch, der schönste Vokal entleert sich. es 1232
Paetzke: Andersdenkende in Ungarn. es 1379
Paley: Ungeheure Veränderungen in letzter Minute. es 1208
Paz: Der menschenfreundliche Menschenfresser. es 1064
– Suche nach einer Mitte. es 1008
– Zwiesprache. es 1290
Petri: Schöner und unerbittlicher Mummenschanz. es 1528
Politik der Armut und Die Spaltung des Sozialstaats. es 1233
Populismus und Aufklärung. es 1376
Powell: Edisto. es 1332
– Eine Frau mit Namen Drown. es 1516
Psychoanalyse der weiblichen Sexualität. es 697
Pusch: Alle Menschen werden Schwestern. es 1565
– Das Deutsche als Männersprache. es 1217
Raimbault: Kinder sprechen vom Tod. es 993
Ribeiro, D.: Unterentwicklung, Kultur und Zivilisation. es 1018
– Wildes Utopia. es 1354
Ribeiro, J. U.: Sargento Getúlio. es 1183
Rodinson: Die Araber. es 1051
Roth: Die einzige Geschichte. es 1368
– Das Ganze ein Stück. es 1399
– Krötenbrunnen. es 1319
Rubinstein: Nichts zu verlieren und dennoch Angst. es 1022
– Sterben kann man immer noch. es 1433
Rühmkorf: agar agar – zaurzaurim. es 1307
Russell: Probleme der Philosophie. es 207
– Wege zur Freiheit. es 447
Schedlinski: die rationen des ja und des nein. es 1606
Schindel: Geier sind pünktliche Tiere. es 1429
– Im Herzen die Krätze. es 1511

316/6/6.90

edition suhrkamp
Eine Auswahl

Schleef: Die Bande. es 1127
Schönhoven: Die deutschen Gewerkschaften. NHB. es 1287
Schrift und Materie der Geschichte. es 814
Schröder: Die Revolutionen Englands im 17. Jahrhundert. NHB. es 1279
Schubert: Die internat ionale Verschuldung. es 1347
Das Schwinden der Sinne. es 1188
Sechehaye: Tagebuch einer Schizophrenen. es 613
Segbers: Der sowjetische Systemwandel. es 1561
Senghaas: Europa 2000. es 1662
– Konfliktformationen im internationalen System. es 1509
– Von Europa lernen. es 1134
– Die Zukunft Europas. es 1339
Sieferle: Die Krise der menschlichen Natur. es 1567
Simmel: Schriften zur Philosophie und Soziologie der Geschlechter. es 1333
Sloterdijk: Der Denker auf der Bühne. es 1353
– Eurotaoismus. es 1450
– Kopernikanische Mobilmachung und ptolemäische Abrüstung. es 1375
– Kritik der zynischen Vernunft. es 1099
Söllner, W.: Kopfland. Passagen. es 1504
Staritz: Geschichte der DDR 1949-1985. NHB. es 1260
Stichworte zur ›Geistigen Situation der Zeit‹. 2 Bde. es 1000
Struck: Kindheits Ende. es 1123
– Klassenliebe. es 629
Szondi: Theorie des modernen Dramas. es 27
Techel: Es kündigt sich an. es 1370
Tendrjakow: Sechzig Kerzen. es 1124
Thiemann: Kinder in den Städten. es 1461
– Schulszenen. es 1331
Thompson: Die Entstehung der englischen Arbeiterklasse. es 1170
Thränhardt: Geschichte der Bundesrepublik Deutschland. NHB. es 1267
Todorov: Die Eroberung Amerikas. es 1213
Treichel: Liebe Not. es 1373
Vargas Llosa: Gegen Wind und Wetter. es 1513
– La Chunga. es 1555
Vernant: Die Entstehung des griechischen Denkens. es 1150
– Mythos und Gesellschaft im alten Griechenland. es 1381
Vom Krieg der Erwachsenen gegen die Kinder. es 1190
Vor der Jahrtausendwende: Berichte zur Lage der Zukunft. es 1550
Walser, M.: Ein fliehendes Pferd. es 1383
– Geständnis auf Raten. es 1374
– Selbstbewußtsein und Ironie. es 1090
– Über Deutschland reden. es 1553
– Wie und wovon handelt Literatur. es 642
Weiss, P.: Abschied von den Eltern. es 85

316/7/6.90

edition suhrkamp
Eine Auswahl

Weiss, P.: Die Ästhetik des Widerstands. es 1501
– Die Besiegten. es 1324
– Fluchtpunkt. es 125
– Das Gespräch der drei Gehenden. es 7
– Der neue Prozeß. es 1215
– Notizbücher 1960-1971. es 1135
– Notizbücher 1971-1980. es 1067
– Rapporte. es 276
– Rapporte 2. es 444
– Der Schatten des Körpers des Kutschers. es 53
– Stücke I. es 833
– Stücke II. 2 Bde. es 910
– Verfolgung … Marat/Sade. es 68
Sinclair (P. Weiss): Der Fremde. es 1007
Peter Weiss im Gespräch. es 1303
Die Wiederkehr des Körpers. es 1132
Wippermann: Europäischer Faschismus im Vergleich 1922–1982. NHB. es 1245
Wirz: Sklaverei und kapitalistisches Weltsystem. NHB. es 1256
Wissenschaft im Dritten Reich. es 1306
Wittgenstein: Tractatus logico-philosophicus. es 12
Wünsche: Der Volksschullehrer Ludwig Wittgenstein. es 1299
Ziviler Ungehorsam im Rechtsstaat. es 1214

316/8/6.90

Auf eigenen Wegen
21 Bücher von Isabel Allende bis Marina Zwetajewa

Auf eigenen Wegen. Das ist Altes und Neues, Bekanntes und Unbekanntes, Klassisches und Modernes, vom Schmöker über die Autobiographie zum Essay. 21 erfolgreiche Taschenbücher von Frauen: ein lebendiges, ein facettenreiches Bild, das der Suhrkamp Taschenbuch Verlag in preisgünstigen Sonderausgaben vorstellt: zum Kennenlernen, zum Wiederentdecken, zum Weiterempfehlen: Eine Einladung zum Lesen.

Isabel Allende
Das Geisterhaus
Roman
st 1901. 503 Seiten.

Elizabeth von Arnim
Elizabeth und ihr Garten
Roman
st 1902. 132 Seiten.

Tanja Blixen
Ehrengard
st 1906. 90 Seiten.

Emily Brontë
Die Sturmhöhe
st 1907. 365 Seiten.

Marguerite Duras
Der Liebhaber
Roman
st 1908. 194 Seiten.

Ingeborg Bachmann
Malina
Roman
st 1903. 362 Seiten.

Djuna Barnes
Nachtgewächs
Roman
st 1904. 192 Seiten.

Ulla Berkéwicz
Maria Maria
Drei Erzählungen
st 1905. 94 Seiten.

Natalia Ginzburg
Ein Mann und eine Frau
st 1909. 190 Seiten.

Lillian Hellman
Eine unfertige Frau
Ein Leben zwischen Dramen
st 1910. 276 Seiten.

Ricarda Huch
Der letzte Sommer
Eine Erzählung in Briefen
st 1911. 152 Seiten.

Marie Luise Kaschnitz
Elf Liebesgeschichten
st 1912. 184 Seiten.

Angeles Mastretta
Mexikanischer Tango
Roman
st 1913. 327 Seiten.

Erica Pedretti
Valerie oder
Das unerzogene Auge
st 1914. 140 Seiten.

Luise F. Pusch
Das Deutsche als
Männersprache
st 1915. 202 Seiten.

Christiane Rochefort
Zum Glück gehts dem
Sommer entgegen
Roman
st 1916. 222 Seiten.

Mercè Rodoreda
Der zerbrochene Spiegel
Roman
st 1917. 316 Seiten.

Renate Rubinstein
Immer verliebt
st 1918. 138 Seiten.

George Sand
Geschichte meines Lebens
st 1919. 255 Seiten.

Gertrude Stein
Zarte Knöpfe
(Tender Buttons)
st 1920. 102 Seiten.

Marina Zwetajewa
Auf eigenen Wegen
Tagebuchprosa
st 1921. 270 Seiten.